职业教育"十四五"规划教材
全国法律类专业职业教育规划教材

商法研习教程

主编　朱瑞芳

武汉大学出版社

图书在版编目(CIP)数据

商法研习教程/朱瑞芳主编.—武汉：武汉大学出版社,2021.9
职业教育"十四五"规划教材　全国法律类专业职业教育规划教材
ISBN 978-7-307-22501-5

Ⅰ.商…　Ⅱ.朱…　Ⅲ.商法—中国—高等职业教育—教材　Ⅳ.D923.99

中国版本图书馆 CIP 数据核字(2021)第 156436 号

责任编辑:张　欣　　　责任校对:汪欣怡　　　版式设计:马　佳

出版发行：**武汉大学出版社**　(430072　武昌　珞珈山)
　　　　　(电子邮箱：cbs22@ whu.edu.cn　网址：www.wdp.com.cn)
印刷:武汉图物印刷有限公司
开本:787×1092　1/16　印张:7.25　字数:172 千字　插页:1
版次:2021 年 9 月第 1 版　　2021 年 9 月第 1 次印刷
ISBN 978-7-307-22501-5　　定价:28.00 元

前　　言

　　《商法研习教程》是河北政法职业学院高等法律职业教育实训系列自编教材。本教材的编写基于学院"以工作任务为中心，以项目课程为主体"的课程改革指导思想，围绕法律事务专业人才培养目标，从法律服务工作岗位的实际需要出发，以工作任务为核心，以工作项目引领专业知识，以典型案例引领工作任务，科学合理地创设实训的情与境，突出仿真教学，探索"情景设置，任务引领、真实载体、学做一体"的教学模式。

　　本教材对应《商法概论》课程内容，分为合伙企业法模块、公司法模块、破产法模块、票据法模块、保险法模块五个实践应用较多模块。在每个模块中均明确了实训目标和要求，旨在使学生通过各个模块的感性、仿真和真实训练，达到既掌握基础知识又培养其职业能力的目的，从而实现专业教学与学生就业的零距离对接。

　　本教材编写中，参阅了国内外一些相关学者的研究成果和文献资料，在此向他们表示真挚的感谢！同时也感谢石家庄市中级法院王秀华法官以及北京大成律师事务所金兆宗律师对本教材编写的大力支持！

　　本书由朱瑞芳编写第 1、2、3、5 模块，折喜芳编写第 4 模块。

　　教材中如有不当和错误之处，诚请读者批评指正。

编　者

2021 年 6 月

目　　录

模块一 合伙企业法模块

实训项目一 模拟创办一家合伙企业并起草合伙企业协议

◎ **相关法律知识**

商合伙是一种古老的商业组织形态。在现代市场经济条件下，商合伙因其聚散灵活的形式和较强的应变能力，普遍受到各国法律的重视，已成为商事主体的重要组成部分之一。

我国目前调整商合伙的主要法律规范是《中华人民共和国合伙企业法》(以下简称合伙企业法》)，颁布于1997年2月，2006年8月进行了修订。

合伙企业是指由两个以上的自然人、法人和其他组织设立的组织体，包括普通合伙企业和有限合伙企业两种类型。普通合伙企业由普通合伙人组成，合伙人对合伙企业的债务承担无限连带责任。有限合伙企业则包括普通合伙人和有限合伙人，前者对合伙企业承担无限连带责任，后者则只以其认缴的出资为限对合伙企业债务承担有限责任。

合伙企业具有以下特征：

1. 合伙协议是合伙企业得以成立的法律基础

合伙协议是指合伙人为设立合伙企业而签订的合同。它是处理合伙人相互之间的权利义务关系的内部法律文件，仅具有对内的效力，即只约束合伙人。根据《合伙企业法》的规定，合伙企业的合伙协议应当采用书面形式。

2. 合伙企业由全体合伙人共同出资共同经营

出资是合伙人的基本义务，也是其取得合伙人资格的前提。普通合伙人有权参与合伙企业的经营管理。但有限合伙企业的情形有所不同，有限合伙人不参加合伙企业的经营，不执行合伙事务。

3. 合伙人共负盈亏、共担风险，普通合伙人对外承担无限连带责任

合伙人既可按出资比例分配利润、分担亏损，也可按合伙人约定的其他办法进行分配。当合伙企业的财产不足以清偿合伙企业的债务时，普通合伙人还需以其他个人财产来承担无限连带责任。有限合伙人则仅以其出资额为限承担有限责任。有限合伙人不参与经营。

关于普通合伙企业的财产

合伙企业的财产包括两个部分：一是全体合伙人的出资，即各合伙人按照合伙协议实际缴付的出资。二是合伙企业成立后至解散前，以合伙企业名义取得的收益和依法取得的

其他财产。

关于普通合伙企业事务的执行

合伙企业事务的执行，指为实现合伙目的而进行的业务活动。

普通合伙人有权参与合伙企业的经营管理；有限合伙人不参加合伙企业的经营，不执行合伙事务。

◎ **相关法律规定**

《中华人民共和国合伙企业法》

第二条 本法所称合伙企业，是指自然人、法人和其他组织依照本法在中国境内设立的普通合伙企业和有限合伙企业。

普通合伙企业由普通合伙人组成，合伙人对合伙企业债务承担无限连带责任。本法对普通合伙人承担责任的形式有特别规定的，从其规定。

有限合伙企业由普通合伙人和有限合伙人组成，普通合伙人对合伙企业债务承担无限连带责任，有限合伙人以其认缴的出资额为限对合伙企业债务承担责任。

第二章 普通合伙企业

第十四条 设立合伙企业，应当具备下列条件：

(一)有二个以上合伙人。合伙人为自然人的，应当具有完全民事行为能力；

(二)有书面合伙协议；

(三)有合伙人认缴或者实际缴付的出资；

(四)有合伙企业的名称和生产经营场所；

(五)法律、行政法规规定的其他条件。

第十五条 合伙企业名称中应当标明"普通合伙"字样。

第十六条 合伙人可以用货币、实物、知识产权、土地使用权或者其他财产权利出资，也可以用劳务出资。

合伙人以实物、知识产权、土地使用权或者其他财产权利出资，需要评估作价的，可以由全体合伙人协商确定，也可以由全体合伙人委托法定评估机构评估。

合伙人以劳务出资的，其评估办法由全体合伙人协商确定，并在合伙协议中载明。

第十七条 合伙人应当按照合伙协议约定的出资方式、数额和缴付期限，履行出资义务。

以非货币财产出资的，依照法律、行政法规的规定，需要办理财产权转移手续的，应当依法办理。

第十八条 合伙协议应当载明下列事项：

(一)合伙企业的名称和主要经营场所的地点；

(二)合伙目的和合伙经营范围；

(三)合伙人的姓名或者名称、住所；

(四)合伙人的出资方式、数额和缴付期限；

（五）利润分配、亏损分担方式；

（六）合伙事务的执行；

（七）入伙与退伙；

（八）争议解决办法；

（九）合伙企业的解散与清算；

（十）违约责任。

第十九条 合伙协议经全体合伙人签名、盖章后生效。合伙人按照合伙协议享有权利，履行义务。

修改或者补充合伙协议，应当经全体合伙人一致同意；但是，合伙协议另有约定的除外。

合伙协议未约定或者约定不明确的事项，由合伙人协商决定；协商不成的，依照本法和其他有关法律、行政法规的规定处理。

第二十条 合伙人的出资、以合伙企业名义取得的收益和依法取得的其他财产，均为合伙企业的财产。

第二十一条 合伙人在合伙企业清算前，不得请求分割合伙企业的财产；但是，本法另有规定的除外。

第二十二条 除合伙协议另有约定外，合伙人向合伙人以外的人转让其在合伙企业中的全部或者部分财产份额时，须经其他合伙人一致同意。

合伙人之间转让在合伙企业中的全部或者部分财产份额时，应当通知其他合伙人。

第二十三条 合伙人向合伙人以外的人转让其在合伙企业中的财产份额的，在同等条件下，其他合伙人有优先购买权；但是，合伙协议另有约定的除外。

第二十六条 合伙人对执行合伙事务享有同等的权利。

按照合伙协议的约定或者经全体合伙人决定，可以委托一个或者数个合伙人对外代表合伙企业，执行合伙事务。

作为合伙人的法人、其他组织执行合伙事务的，由其委派的代表执行。

第二十七条 依照本法第二十六条第二款规定委托一个或者数个合伙人执行合伙事务的，其他合伙人不再执行合伙事务。

不执行合伙事务的合伙人有权监督执行事务合伙人执行合伙事务的情况。

第二十八条 由一个或者数个合伙人执行合伙事务的，执行事务合伙人应当定期向其他合伙人报告事务执行情况以及合伙企业的经营和财务状况，其执行合伙事务所产生的收益归合伙企业，所产生的费用和亏损由合伙企业承担。

合伙人为了解合伙企业的经营状况和财务状况，有权查阅合伙企业会计账簿等财务资料。

第三十条 合伙人对合伙企业有关事项作出决议，按照合伙协议约定的表决办法办理。合伙协议未约定或者约定不明的，实行合伙人一人一票并经全体合伙人过半数通过的表决办法。

本法对合伙企业的表决办法另有规定的，从其规定。

第三十一条 除合伙协议另有约定外，合伙企业的下列事项应当经全体合伙人一致同意：

（一）改变合伙企业的名称；

（二）改变合伙企业的经营范围、主要经营场所的地点；

（三）处分合伙企业的不动产；

（四）转让或者处分合伙企业的知识产权和其他财产权利；

（五）以合伙企业名义为他人提供担保；

（六）聘任合伙人以外的人担任合伙企业的经营管理人员。

第三十三条 合伙企业的利润分配、亏损分担，按照合伙协议的约定办理；合伙协议未约定或者约定不明确的，由合伙人协商决定；协商不成的，由合伙人按照实缴出资比例分配、分担；无法确定出资比例的，由合伙人平均分配、分担。

合伙协议不得约定将全部利润分配给部分合伙人或者由部分合伙人承担全部亏损。

第三十五条 被聘任的合伙企业的经营管理人员应当在合伙企业授权范围内履行职务。

被聘任的合伙企业的经营管理人员，超越合伙企业授权范围履行职务，或者在履行职务过程中因故意或者重大过失给合伙企业造成损失的，依法承担赔偿责任。

◎ 实训目标

通过实际操作练习，学生能够依照我国合伙企业法的有关规定自己模拟创办一家合伙企业，从而熟悉、掌握设立合伙企业的基本技能。

◎ 实训要求

1. 学生应熟悉合伙企业法中关于合伙企业的有关法律规定，理解、掌握合伙内部事务执行、安排等事项。

2. 自由结合分组讨论、依法安排创办合伙企业的一系列事项。

3. 讨论、确定合伙企业内部组织机构、合伙事务执行等事项并在合伙协议中加以记载。

◎ 实训材料

普通合伙协议范本

合伙协议

第一章 总 则

第一条 根据《中华人民共和国合伙企业法》（以下简称《合伙企业法》）及有关法律、行政法规、规章的有关规定，经协商一致订立本协议。

第二条 本企业为普通合伙企业，是根据协议自愿组成的共同经营体。全体合伙人愿意遵守国家有关的法律、法规、规章，依法纳税，守法经营。

第三条 本协议条款与法律、行政法规、规章不符的，以法律、行政法规、规章的规定为准。

第四条 本协议经全体合伙人签名、盖章后生效。合伙人按照合伙协议享有权利，履行义务。

第二章 合伙企业的名称和主要经营场所的地点

第五条 合伙企业名称：

第六条 企业经营场所：

第三章 合伙目的和合伙经营范围及合伙期限

第七条 合伙目的：为了保护全体合伙人的合伙权益，使本合伙企业获得最佳经济效益。（注：可根据实际情况，另行描述）

第八条 合伙经营范围： 。

（注：参照《国民经济行业分类标准》具体填写。合伙经营范围用语不规范的，以企业登记机关根据前款加以规范、核准登记的为准。合伙经营范围变更时依法向企业登记机关办理变更登记。

合伙期限为 年。

第四章 合伙人的姓名或者名称、住所

第九条 合伙人共 个，分别是：

1. 。

住所（址）： ，

证件名称： ，

证件号码： ；

2. 。

住所（址）： ，

证件名称： ，

证件号码： ；

（注：可续写）

以上合伙人为自然人的，都具有完全民事行为能力。

第五章 合伙人的出资方式、数额和缴付期限

第十条 合伙人的出资方式、数额和缴付期限：

1. 合伙人： 。

以货币出资 万元，以 （可填实物、知识产权、土地使用权、劳务或其它非货币财产权利，根据实际情况选择）作价出资 万元，总认缴出资 万元，占注册资本的 %。

首期实缴出资 万元，在申请合伙企业设立登记前缴纳，其余认缴出资在领取营业执照之日起 个月内缴足。

2. 合伙人：＿＿＿＿＿＿＿。

以货币出资＿＿＿万元，以＿＿＿（可填实物、知识产权、土地使用权、劳务或其它非货币财产权利，根据实际情况选择）作价出资＿＿＿万元，总认缴出资＿＿＿万元，占注册资本的＿＿％。

首期实缴出资＿＿＿万元，在申请合伙企业设立登记前缴纳，其余认缴出资在领取营业执照之日起＿＿个月内缴足。

（注：可续写）

第六章　利润分配、亏损分担方式

第十一条　合伙企业的利润分配，按如下方式分配：＿＿＿＿＿＿＿＿＿。

第十二条　合伙企业的亏损分担，按如下方式分担：＿＿＿＿＿＿＿＿＿。

（注：不得约定将全部利润分配给部分合伙人或者由部分合伙人承担全部亏损。合伙协议未约定或者约定不明确的，由合伙人协商决定；协商不成立的，由合伙人按照实缴出资比例分配、分担；无法确定出资比例的，由合伙人平均分配、分担。）

第七章　合伙事务的执行

第十三条　合伙人对执行合伙事务享有同等的权利。

经全体合伙人决定（注：也可以依据《合伙企业法》第二十六条的规定，在本条约定其他的决定方式，例如"经三分之二以上合伙人决定"），委托＿＿＿＿＿（列出所委托合伙人）执行合伙事务；其中法人合伙人委派＿＿＿、其他组织合伙人委派＿＿＿＿＿（注：可根据实际续写，如无非自然人合伙人，此内容删去）代表其执行合伙事务，其他合伙人不再执行合伙事务（注：如果全体合伙人都执行合伙事务，此内容应删除）。执行合伙事务的合伙人对外代表企业。

第十四条　不执行合伙事务的合伙人有权监督执行事务合伙人执行合伙事务的情况。执行事务合伙人应当定期向其他合伙人报告事务执行情况以及合伙企业的经营和财务状况，其执行合伙事务所产生的收益归合伙企业，所产生的费用和亏损由合伙企业承担。

第十五条　合伙人分别执行合伙事务的，执行事务合伙人可以对其他合伙人执行的事务提出异议。提出异议时，暂停该事务的执行。如果发生争议，依照《中华人民共和国合伙企业法》第三十条的规定作出决定。受委托执行合伙事务的合伙人不按照合伙协议的决定执行事务的，其他合伙人可以决定撤销该委托。

第十六条　合伙人对合伙企业有关事项作出决议，实行合伙人一人一票并经全体合伙人过半数通过的表决办法。（注：也可依据《合伙企业法》第三十条的规定在本条约定其他的表决办法）

第十七条　合伙企业的下列事项应当经全体合伙人一致同意：（注：也可依据《合伙企业法》第三十一条的规定在本条约定其它同意方式，例如约定下列全部或某一事项"应当经三分之二以上合伙人同意"或"经全体合伙事务执行人一致同意"等）

（一）改变合伙企业的名称；

（二）改变合伙企业的经营范围、主要经营场所的地点；

（三）处分合伙企业的不动产；

（四）转让或者处分合伙企业的知识产权和其他财产权利；

（五）以合伙企业名义为他人提供担保；

（六）聘任合伙人以外的人担任合伙企业的经营管理人员。

第十八条 合伙人不得自营或者同他人合作经营与本合伙企业相竞争的业务。除经全体合伙人一致同意(注：也可依据《合伙企业法》第三十二条的规定在本条约定其他同意方式)外，合伙人不得同本合伙企业进行交易。合伙人不得从事损害本合伙企业利益的活动。

第十九条 合伙人经全体合伙人决定，可以增加或者减少对合伙企业的出资。(注：也可依据《合伙企业法》第三十四条的规定在本条约定合伙人是否可以增加或减少对合伙企业的出资；如果可以，也可约定其他决定方式)

第八章 入伙与退伙

第二十条 新合伙人入伙，经全体合伙人一致同意(注：也可依据《合伙企业法》第四十三条的规定在本条约定其他同意方式)，依法订立书面入伙协议。订立入伙协议时，原合伙人应当向新合伙人如实告知原合伙企业的经营状况和财物状况。入伙的新合伙人与原合伙人享有同等权利，承担同等责任(注：也可依据《合伙企业法》第四十四条的规定在本条约定新合伙人的其他权利和责任)。新合伙人对入伙前合伙企业的债务承担无限连带责任。

第二十一条 有《合伙企业法》第四十五条规定的情形之一的，合伙人可以退伙。(注：合伙协议约定合伙期限的，保留该条；否则，删除该条)

合伙人在不给合伙企业事务执行造成不利影响的情况下，可以退伙，但应当提前三十日通知其他合伙人。(注：合伙协议未约定合伙期限的，保留该条；否则，删除该条)

合伙人违反《合伙企业法》第四十五或四十六条规定退伙的，应当赔偿由此给合伙企业造成的损失。

第二十二条 合伙人有《合伙企业法》第四十八条规定的情形之一的，当然退伙。

合伙人被依法认定为无民事行为能力人或者限制民事行为能力人的，经其他合伙人一致同意，可以依法转为有限合伙人，普通合伙企业依法转为有限合伙企业。其他合伙人未能一致同意的，该无民事行为能力或者限制民事行为能力的合伙人退伙。

退伙事由实际发生之日为退伙生效日。

第二十三条 合伙人有《合伙企业法》第四十九条规定的情形之一的，经其他合伙人一致同意，可以决议将其除名。

对合伙人的除名决议应当书面通知被除名人。被除名人接到除名通知之日，除名生效，被除名人退伙。被除名人对除名决议有异议的，可以自接到除名通知之日起三十日内，向人民法院起诉。

第二十四条 合伙人死亡或者被依法宣告死亡的，对该合伙人在合伙企业中的财产份额享有合法继承权的继承人，经全体合伙人一致同意(注：也可依据《合伙企业法》第五十条的规定在本条约定其他同意方式)，从继承开始之日起，取得该合伙企业的合伙人资格。

有《合伙企业法》第五十条规定的情形之一，合伙企业应当向合伙人的继承人退还被继承合伙人的财产份额。

合伙人的继承人为无民事行为能力人或者限制民事行为能力人的，经全体合伙人一致同意，可以依法成为有限合伙人，普通合伙企业依法转为有限合伙企业。全体合伙人未能一致同意的，合伙企业应当将被继承合伙人的财产份额退还该继承人。

经全体合伙人决定，可以退还货币，也可以退还实物。

(注：也可依据《合伙企业法》第五十二条的规定在本条约定其他退还办法)。

第二十五条 退伙人对基于其退伙前的原因发生的合伙企业债务，承担无限连带责任。合伙人退伙时，合伙企业财产少于合伙企业债务的，退伙人应当依照本协议第十一条的规定分担亏损。

第九章 合伙财产份额转让

第二十六条 合伙人向合伙人以外的人转让其在合伙企业中的全部或者部分财产份额时，须经其他合伙人一致同意。(以上可自行约定)合伙人之间转让在合伙企业中的全部或者部分财产份额时，应当通知其他合伙人。

第二十七条 合伙人向合伙人以外的人转让其在合伙企业中的财产份额的，在同等条件下，其他合伙人有优先购买权。(以上可自行约定)

第二十八条 合伙人以外的人依法受让合伙人在合伙企业中的财产份额的，经修改合伙协议即成为合伙企业的合伙人，依照本法和修改后的合伙协议享有权利，履行义务。

第十章 争议解决办法

第二十九条 合伙人履行合伙协议发生争议的，合伙人可以通过协商或者调解解决。不愿通过协商、调解解决或者协商、调解不成的，可以按照合伙协议约定的仲裁条款或者事后达成的书面仲裁协议，向仲裁机构申请仲裁。合伙协议中未订立仲裁条款，事后又没有达成书面仲裁协议的，可以向人民法院起诉。

第十一章 合伙企业的解散与清算

第三十条 合伙企业有下列情形之一的，应当解散：

(一)合伙期限届满，合伙人决定不再经营；

(二)合伙协议约定的解散事由出现；

(三)全体合伙人决定解散；

(四)合伙人已不具备法定人数满三十天；

(五)合伙协议约定的合伙目的已经实现或者无法实现；

(六)依法被吊销营业执照、责令关闭或者被撤销；

(七)法律、行政法规规定的其他原因。

第三十一条　合伙企业清算办法应当按《合伙企业法》的规定进行清算。

清算期间，合伙企业存续，不得开展与清算无关的经营活动。

合伙企业财产在支付清算费用和职工工资、社会保险费用、法定补偿金以及缴纳所欠税款、清偿债务后的剩余财产，依照本协议第十一条的规定进行分配。

第三十二条　清算结束后，清算人应当编制清算报告，经全体合伙人签名、盖章后，在十五日内向企业登记机关报送清算报告，申请办理合伙企业注销登记。

第十二章　违约责任

第三十三条　合伙人违反合伙协议的，应当依法承担违约责任。

第十三章　其他事项

第三十四条　经全体合伙人协商一致（注：也可根据《合伙企业法》第十九条第二款另行约定），可以修改或者补充合伙协议。

第三十五条　本协议一式　　　份，合伙人各持一份，并报合伙企业登记机关一份。（注：此条供合伙人参考。设立合伙企业必须依法向企业登记机关提交合伙协议）

本协议未尽事宜，按国家有关法律规定执行。

全体合伙人签名（或盖章）：（注：合伙人为自然人的应签名，为法人、其他组织的应加盖公章）

年　　　月　　　日

◎ 要点指导

1. 学生自愿结合分成几个小组，分别作为合伙人进行模拟协商创办合伙企业事宜，逐步落实合伙企业各项设立要件；

2. 学生按照合伙协议范本拟定本合伙企业协议。

3. 注意实践中合伙企业容易产生纠纷的合伙事务管理、利润分配、债务承担等方面约定是否周全。

◎ 拓展思考

1. 合伙企业的事务执行有哪些法律规定？合伙人就此有约定的应如何处理？如果合伙人没有约定依法应如何对待？

2. 合伙企业的入伙、退伙有哪些规定？入伙、退伙前的债务如何处理？

3. 合伙企业是一种相对较容易设立的商事主体形式，但是因为形式比较松散在经营中极易产生各种各样的矛盾纠纷，思考如何运用所学合伙企业法知识，科学合理订立合伙协议，以防患于未然。

◎ 课后讨论案例

案例1　合宜服务中心是一家合伙企业，出资人分别为余得利、李要山、宋挺、徐江、张建峰五人。合伙企业协议约定，余得利为合伙企业的负责人，对外代表合伙企业，签约的责任权限是10万元以下的合同。

2014年4月，合伙企业要与天利有限责任公司签订一项合同。由于这是一个非常重要的合同，同时，合同标的大约70万元。合伙企业内部规定，余得利须将合同交全体合伙人审查同意后，方可签字。为了慎重起见，合宜服务中心专门出具了一份函件交给天利有限责任公司，声明该合伙人只有在持有全体合伙人签名的授权委托书的情况下才能代表合伙企业在合同上签署。

2014年4月12日，谈判十分顺利，双方对达成的协议非常满意，尤其是对于合伙企业一方，合同结果远远高于预计的最低标准。余得利认为这个结果是很好的，其他合伙人一定会同意，而且担心夜长梦多，经过与其他个别合伙人电话联系，提议马上签字。天利有限责任公司见此情况，也认为不会有变，于是，双方在合同上签了字。

2014年4月20日双方开始执行合同。几乎与此同时，余得利又与利民生电子有限责任公司签定了一份合同，从利民生电子有限责任公司购进一批计算机配件，价值15万元，2014年10月供货。后来，利民生电子有限责任公司按合同规定的时间提供货物，合宜服务中心无法支付货款。利民生电子有限责任公司要求合宜服务中心的合伙人承担连带责任，支付货款。合宜服务中心的合伙人认为，在合伙协议中已经明确约定，余得利对外代表合伙企业，签约的责任权限是10万元以下的合同。余得利违反合伙企业约定，合同无效，合伙企业不承担责任。同时决定撤销余得利为合伙企业负责人，对外代表合伙企业的约定。

2014年11月时，天利有限责任公司发现市场发生变化，情况对公司不利，认为如果能终止执行合同，可以减少部分损失。公司经办人员提出，合同签字时，对方合伙企业没有出具授权委托书，现在我们手中还有对方出具的有关函件为证，据此可以证明双方所签合同无效，从而达到终止合同的目的。

◎ 问题：

1. 余得利违反合伙企业约定，与利民生电子有限责任公司签定的合同是否无效？合伙企业是否应该承担责任？

2. 天利有限责任公司认为与合宜服务中心合同无效，有道理吗？

案例2 2018年元月，ABC共同设立一合伙企业。合伙协议约定：A以现金人民币5万元出资，B以房屋作价人民币8万元出资，C以劳务作价人民币4万元出资，各合伙人按相同比例分配盈利、分担亏损。合伙企业成立后，为扩大经营，于2018年6月向银行贷款人民币5万元，期限为1年。2018年8月，A提出退伙，鉴于当时合伙企业盈利，BC表示同意。同月，A办理了退伙结算手续。2018年9月，D入伙。D入伙后，因经营环境变化，企业严重亏损。2019年5月，BCD决定解散合伙企业，并将合伙企业现有财产价值人民币3万元予以分配，但对未到期的银行贷款未予清偿。2019年6月，银行贷款到期，银行找合伙企业清偿债务，发现该企业已经解散，遂向A要求偿还全部贷款，A称自己早已退伙，不负责清偿债务。银行向D要求偿还全部贷款，D称该笔贷款是在自己入伙前发生的，不负责清偿。银行向B要求偿还全部贷款，B表示只按照合伙协议约定的比例清偿相应数额。银行向 C 要求偿还全部贷款，C 则表示自己是以劳务出资的，不承担偿还贷款的义务。

◎ **问题：**

1. ABCD 各自的主张能否成立？并说明理由。

2. 合伙企业所欠银行贷款应如何清偿？

3. 在银行贷款清偿后，ABCD 内部之间应如何分担清偿责任？

模块二　公司法模块

实训项目一　学生分组创办一家有特色的有限责任公司

◎ 相关法律知识

有限责任公司概念：由一定人数的股东组成的，股东仅以其出资额为限对公司承担责任，公司依其全部资产对公司的债务承担责任的企业法人。

有限责任公司特征：

1. 兼有资合和人合的性质。有限公司人合性的特点表现在：股东人数有一定限制；公司的资本只能由全体股东认缴，不能向社会公开募集；股东的出资证明书不能自由流通转让；股东的出资转让需取得其他股东的同意，其他股东有优先购买权；有限公司的经营事项和财务账目无须向社会公开。有限公司资合性的特点表现在：股东对公司债务只承担有限责任；在资本制度上，实行资本确立原则、资本维持原则及资本不变原则；股东出资形式受法律限制，只能是货币、实物、工业产权等可以用货币估价并可依法转让的财产，信用及劳务不能用于出资；公司分配实行无盈不分原则，其盈余须首先弥补亏损和提留公积金后才能用于股东分配。

2. 具有封闭性：有限责任公司的股东人数，有最高人数限制，不允许超过 50 人。

3. 有较强的适应性：规模可大可小。

4. 设立程序简单，机构设置灵活。有限责任公司的设立方式只有发起设立而无募集设立，设立程序因此较为简化。同时，有限责任公司的机构设置具有一定的随意性，其组织结构相对比较简单。

5. 便于股东参与公司的经营管理：由于公司具有封闭性，股东人数少，可以更好调动股东参与公司经营的积极性，同时，相当于人数较多的股份公司，人数较少的有限公司更容易在股东会达成多数一致意见。

关于公司出资

出资形式：我国公司法规定有限责任公司股东出资既可以用货币、也可以用实物、知识产权、以及土地使用权等可以用货币估价并可以依法转让的非货币财产作价出资。

出资违约的法律后果：

（1）股东不按照规定缴纳出资的，除应当向公司足额缴纳外，还应当向已按期足额缴纳出资的股东承担违约责任。

（2）有限责任公司成立后，发现作为设立公司出资的非货币财产的实际价额显著低于

12

公司章程所定价额的,应当由交付该出资的股东补足其差额;公司设立时的其他股东承担连带责任。

关于公司的住所

公司的住所是指公司的主要办事机构所在地。是确定公司登记管辖和行政管辖的前提,是确定诉讼管辖的重要因素(地域管辖的依据),是确定诉讼文书送达地、债务履行地、涉外民商事法律关系的准据法的依据。

公司住所的确定

《公司法》第 10 条规定,公司以其主要办事机构所在地为住所。所谓主要办事机构所在地,是指负责决定和处理公司事务的中心机构的所在地,指管辖全部组织的中枢机构,如公司总部等。而区分公司的"主要办事机构"与"次要办事机构"通常以公司的登记为准,即以登记时注明的主要办事机构为准。公司住所自登记之日起发生对抗第三人的效力,如果公司变更住所而未变更公司章程,不作变更登记,则不得以其变更事项对抗第三人。另外,根据《公司登记管理条例》的规定,在申请公司成立登记时,申请人必须向登记机关出具"住所证明"。

关于公司负责人

公司的负责人主要是指公司的董事、监事和高级管理人员。公司法定代表人依照公司章程的规定,由董事长、执行董事或经理兼任。

公司负责人的任职资格

积极资格,指成为公司董事、监事及高级管理人员应当具备的资格。消极资格,指成为董事、监事及高级管理人员不能出现的情形,即由法律作出的禁止性规定。我国公司法第 146 条对此有明确规定。

◎ 相关法律规定

《中华人民共和国公司法》

第十三条　公司法定代表人依照公司章程的规定,由董事长、执行董事或者经理担任,并依法登记。公司法定代表人变更,应当办理变更登记。

第二十三条　设立有限责任公司,应当具备下列条件:

(一)股东符合法定人数;

(二)有符合公司章程规定的全体股东认缴的出资额;

(三)股东共同制定公司章程;

(四)有公司名称,建立符合有限责任公司要求的组织机构;

(五)有公司住所。

第二十四条　有限责任公司由五十个以下股东出资设立。

第二十五条　有限责任公司章程应当载明下列事项:

(一)公司名称和住所;

(二)公司经营范围;

(三)公司注册资本;

(四)股东的姓名或者名称；

(五)股东的出资方式、出资额和出资时间；

(六)公司的机构及其产生办法、职权、议事规则；

(七)公司法定代表人；

(八)股东会会议认为需要规定的其他事项。

股东应当在公司章程上签名、盖章。

第二十六条 有限责任公司的注册资本为在公司登记机关登记的全体股东认缴的出资额。

法律、行政法规以及国务院决定对有限责任公司注册资本实缴、注册资本最低限额另有规定的，从其规定。

第二十七条 股东可以用货币出资，也可以用实物、知识产权、土地使用权等可以用货币估价并可以依法转让的非货币财产作价出资；但是，法律、行政法规规定不得作为出资的财产除外。

对作为出资的非货币财产应当评估作价，核实财产，不得高估或者低估作价。法律、行政法规对评估作价有规定的，从其规定。

第二十八条 股东应当按期足额缴纳公司章程中规定的各自所认缴的出资额。股东以货币出资的，应当将货币出资足额存入有限责任公司在银行开设的账户；以非货币财产出资的，应当依法办理其财产权的转移手续。

股东不按照前款规定缴纳出资的，除应当向公司足额缴纳外，还应当向已按期足额缴纳出资的股东承担违约责任。

第二十九条 股东认足公司章程规定的出资后，由全体股东指定的代表或者共同委托的代理人向公司登记机关报送公司登记申请书、公司章程等文件，申请设立登记。

第三十条 有限责任公司成立后，发现作为设立公司出资的非货币财产的实际价额显著低于公司章程所定价额的，应当由交付该出资的股东补足其差额；公司设立时的其他股东承担连带责任。

第三十一条 有限责任公司成立后，应当向股东签发出资证明书。

出资证明书应当载明下列事项：

(一)公司名称；

(二)公司成立日期；

(三)公司注册资本；

(四)股东的姓名或者名称、缴纳的出资额和出资日期；

(五)出资证明书的编号和核发日期。

出资证明书由公司盖章。

第三十六条 有限责任公司股东会由全体股东组成。股东会是公司的权力机构，依照本法行使职权。

第三十七条 股东会行使下列职权：

(一)决定公司的经营方针和投资计划；

(二)选举和更换非由职工代表担任的董事、监事，决定有关董事、监事的报酬事项；

（三）审议批准董事会的报告；

（四）审议批准监事会或者监事的报告；

（五）审议批准公司的年度财务预算方案、决算方案；

（六）审议批准公司的利润分配方案和弥补亏损方案；

（七）对公司增加或者减少注册资本作出决议；

（八）对发行公司债券作出决议；

（九）对公司合并、分立、解散、清算或者变更公司形式作出决议；

（十）修改公司章程；

（十一）公司章程规定的其他职权。

对前款所列事项股东以书面形式一致表示同意的，可以不召开股东会会议，直接作出决定，并由全体股东在决定文件上签名、盖章。

第三十九条　股东会会议分为定期会议和临时会议。

定期会议应当依照公司章程的规定按时召开。代表十分之一以上表决权的股东，三分之一以上的董事，监事会或者不设监事会的公司的监事提议召开临时会议的，应当召开临时会议。

第四十四条　有限责任公司设董事会，其成员为三人至十三人；但是，本法第五十条另有规定的除外。

两个以上的国有企业或者两个以上的其他国有投资主体投资设立的有限责任公司，其董事会成员中应当有公司职工代表；其他有限责任公司董事会成员中可以有公司职工代表。董事会中的职工代表由公司职工通过职工代表大会、职工大会或者其他形式民主选举产生。

董事会设董事长一人，可以设副董事长。董事长、副董事长的产生办法由公司章程规定。

第四十五条　董事任期由公司章程规定，但每届任期不得超过三年。董事任期届满，连选可以连任。

董事任期届满未及时改选，或者董事在任期内辞职导致董事会成员低于法定人数的，在改选出的董事就任前，原董事仍应当依照法律、行政法规和公司章程的规定，履行董事职务。

第四十六条　董事会对股东会负责，行使下列职权：

（一）召集股东会会议，并向股东会报告工作；

（二）执行股东会的决议；

（三）决定公司的经营计划和投资方案；

（四）制订公司的年度财务预算方案、决算方案；

（五）制订公司的利润分配方案和弥补亏损方案；

（六）制订公司增加或者减少注册资本以及发行公司债券的方案；

（七）制订公司合并、分立、解散或者变更公司形式的方案；

（八）决定公司内部管理机构的设置；

（九）决定聘任或者解聘公司经理及其报酬事项，并根据经理的提名决定聘任或者解聘公司副经理、财务负责人及其报酬事项；

（十）制定公司的基本管理制度；

（十一）公司章程规定的其他职权。

第四十八条 董事会的议事方式和表决程序，除本法有规定的外，由公司章程规定。

董事会应当对所议事项的决定作成会议记录，出席会议的董事应当在会议记录上签名。

董事会决议的表决，实行一人一票。

第四十九条 有限责任公司可以设经理，由董事会决定聘任或者解聘。经理对董事会负责，行使下列职权：

（一）主持公司的生产经营管理工作，组织实施董事会决议；

（二）组织实施公司年度经营计划和投资方案；

（三）拟订公司内部管理机构设置方案；

（四）拟订公司的基本管理制度；

（五）制定公司的具体规章；

（六）提请聘任或者解聘公司副经理、财务负责人；

（七）决定聘任或者解聘除应由董事会决定聘任或者解聘以外的负责管理人员；

（八）董事会授予的其他职权。

公司章程对经理职权另有规定的，从其规定。

经理列席董事会会议。

第五十条 股东人数较少或者规模较小的有限责任公司，可以设一名执行董事，不设董事会。执行董事可以兼任公司经理。

执行董事的职权由公司章程规定。

第五十一条 有限责任公司设监事会，其成员不得少于三人。股东人数较少或者规模较小的有限责任公司，可以设一至二名监事，不设监事会。

监事会应当包括股东代表和适当比例的公司职工代表，其中职工代表的比例不得低于三分之一，具体比例由公司章程规定。监事会中的职工代表由公司职工通过职工代表大会、职工大会或者其他形式民主选举产生。

监事会设主席一人，由全体监事过半数选举产生。监事会主席召集和主持监事会会议；监事会主席不能履行职务或者不履行职务的，由半数以上监事共同推举一名监事召集和主持监事会会议。

董事、高级管理人员不得兼任监事。

第五十二条 监事的任期每届为三年。监事任期届满，连选可以连任。

监事任期届满未及时改选，或者监事在任期内辞职导致监事会成员低于法定人数的，在改选出的监事就任前，原监事仍应当依照法律、行政法规和公司章程的规定，履行监事职务。

第五十三条 监事会、不设监事会的公司的监事行使下列职权：

（一）检查公司财务；

（二）对董事、高级管理人员执行公司职务的行为进行监督，对违反法律、行政法规、公司章程或者股东会决议的董事、高级管理人员提出罢免的建议；

（三）当董事、高级管理人员的行为损害公司的利益时，要求董事、高级管理人员予以纠正；

（四）提议召开临时股东会会议，在董事会不履行本法规定的召集和主持股东会会议职责时召集和主持股东会会议；

（五）向股东会会议提出提案；

（六）依照本法第一百五十一条的规定，对董事、高级管理人员提起诉讼；

（七）公司章程规定的其他职权。

第五十五条　监事会每年度至少召开一次会议，监事可以提议召开临时监事会会议。

监事会的议事方式和表决程序，除本法有规定的外，由公司章程规定。

监事会决议应当经半数以上监事通过。

监事会应当对所议事项的决定作成会议记录，出席会议的监事应当在会议记录上签名。

第一百四十六条　有下列情形之一的，不得担任公司的董事、监事、高级管理人员：

（一）无民事行为能力或者限制民事行为能力；

（二）因贪污、贿赂、侵占财产、挪用财产或者破坏社会主义市场经济秩序，被判处刑罚，执行期满未逾五年，或者因犯罪被剥夺政治权利，执行期满未逾五年；

（三）担任破产清算的公司、企业的董事或者厂长、经理，对该公司、企业的破产负有个人责任的，自该公司、企业破产清算完结之日起未逾三年；

（四）担任因违法被吊销营业执照、责令关闭的公司、企业的法定代表人，并负有个人责任的，自该公司、企业被吊销营业执照之日起未逾三年；

（五）个人所负数额较大的债务到期未清偿。

公司违反前款规定选举、委派董事、监事或者聘任高级管理人员的，该选举、委派或者聘任无效。

董事、监事、高级管理人员在任职期间出现本条第一款所列情形的，公司应当解除其职务。

◎ 实训目标

学生通过实际操作练习，能够依照我国公司法的有关规定自己模拟创办一家有特色的有限责任公司，从而熟悉、掌握公司设立的法定条件与程序各项内容。

◎ 实训要求

1. 学生应熟悉公司法中关于有限责任公司的设立条件等有关规定，理解、掌握公司内部组织机构安排等事项。

2. 分组讨论设立有限公司的法律条件，依法拟定创办有限责任公司的一系列事项。

3. 讨论、确定公司资本、法定代表人、住所、经营范围等基本要件、合理安排公司内部组织机构等事项并在真实的公司设立表格中加以填写、记载。

◎ **实训材料**

公司设立登记申请书范本

公司登记(备案)申请书

□基本信息			
名　称			
名称预先核准文号/注册号/统一社会信用代码			
住　　所	_____省(市/自治区) _____市(地区/盟/自治州) _____县(自治县/旗/自治旗/市/区) _____乡(民族乡/镇/街道) _____村(路/社区) _____号		
生产经营地	_____省(市/自治区) _____市(地区/盟/自治州) _____县(自治县/旗/自治旗/市/区) _____乡(民族乡/镇/街道) _____村(路/社区) _____号		
联系电话		邮政编码	
□设立			
法定代表人姓　名		职　务	□董事长 □执行董事 □经理
注册资本	_____万元	公司类型	
设立方式(股份公司填写)	□发起设立		□募集设立
经营范围			
经营期限	□ ___年 □长期	申请执照副本数量	___个

□变更		
变更项目	原登记内容	申请变更登记内容

□备案				
分公司 □增设□注销	名　称		注册号/统一 社会信用代码	
	登记机关		登记日期	
清算组	成　员			
	负责人		联系电话	
其　他	□董事　□监事　□经理　□章程　□章程修正案　□财务负责人　□联络员			

□申请人声明

　　本公司依照《公司法》、《公司登记管理条例》相关规定申请登记、备案，提交材料真实有效。通过联络员登录企业信用信息公示系统向登记机关报送、向社会公示的企业信息为本企业提供、发布的信息，信息真实、有效。

　　法定代表人签字：　　　　　　　　　　　　　　　　　公司盖章

　　（清算组负责人）签字：　　　　　　　　　　　　　　　年　　月　　日

附表1

法定代表人信息

姓　　名		固定电话	
移动电话		电子邮箱	
身份证件类型		身份证件号码	

（身份证件复印件粘贴处）

　　法定代表人签字：　　　　　　　　　　　　　年　　月　　日

附表 2

<h2 style="text-align:center">董事、监事、经理信息</h2>

姓名_____　职务_____　身份证件类型_____　身份证件号码_____

（身份证件复印件粘贴处）

姓名_____　职务_____　身份证件类型_____　身份证件号码_____

（身份证件复印件粘贴处）

姓名_____　职务_____　身份证件类型_____　身份证件号码_____

（身份证件复印件粘贴处）

附表3

股东(发起人)出资情况

股东(发起人)名称或姓名	证件类型	证件号码	出资时间	出资方式	认缴出资额（万元）	出资比例

◎ 要点指导

1. 根据公司法规定的有限责任公司设立条件等内容来讨论如何创办公司，依法安排公司各项事务；

2. 对实践中容易引起纠纷的公司出资问题、组织机构问题等着重讨论、做到依法严谨设立；

3. 明晰公司设立失败的法律后果。思考公司发起人在创办公司过程中的法律责任。

◎ 课后讨论案例

"长鸿食品进出口有限责任公司"在海淀区市场监督管理局登记后，于2012年4月1日，开张剪彩开始营业。2012年6月1日，位于马路对面的"长鸿饮食进出口有限责任公司"也新张开业，该公司是在西城区市场监督管理局登记。

两公司因为名称发生争议，都坚持自己是有理的。长鸿食品进出口有限责任公司认为：自己先在市场管理部门登记，先开业，长鸿饮食进出口有限责任公司与自己公司名称近似，经营类似的产品，侵犯了自己的利益。长鸿饮食进出口有限责任公司则认为：两个公司虽然近在咫尺，但是，属于不同的行政机关管辖，没有侵犯对方的权益。

◎ 问题：

你认为此案应如何处理？为什么？思考公司设立时应如何依法起一个规范的名字？

◎ 公司法模块实训项目二

分组起草所创办公司章程

◎ 相关法律知识

关于公司章程

公司章程，是指公司依法制定的、规定公司名称、住所、经营范围、经营管理制度等重大事项的基本文件。公司章程是公司组织和活动的基本准则，常被称为"公司的宪法"。

公司章程包括绝对必要记载事项和任意记载事项。

绝对必要记载事项是指章程中必须予以记载的、不可缺少的事项，公司章程缺少其中任何一项或任何一项记载不合法，就会导致整个章程的无效。通常包括公司的名称、住所地、公司的宗旨、注册资本、财产责任等。

任意记载事项是可以由当事人根据自己的实际情况决定是否予以记载的事项，通常与公司的营业活动有关，记载不得违反法律的强制性规定、公共秩序和善良风俗。公司章程一经生效，即发生法律约束力。公司章程的社团规章特性，决定了公司章程的效力及于公司及股东成员，同时对公司的董事、监事、经理具有约束力。

◎ 相关法律规定

《中华人民共和国公司法》

第十一条 设立公司必须依法制定公司章程。公司章程对公司、股东、董事、监事、高级管理人员具有约束力。

第二十三条 设立有限责任公司，应当具备下列条件：

(一)股东符合法定人数；

(二)有符合公司章程规定的全体股东认缴的出资额；

(三)股东共同制定公司章程；

(四)有公司名称，建立符合有限责任公司要求的组织机构；

(五)有公司住所。

第二十五条 有限责任公司章程应当载明下列事项：

(一)公司名称和住所；

(二)公司经营范围；

(三)公司注册资本；

(四)股东的姓名或者名称；

(五)股东的出资方式、出资额和出资时间；

(六)公司的机构及其产生办法、职权、议事规则；

(七)公司法定代表人；

(八)股东会会议认为需要规定的其他事项。

股东应当在公司章程上签名、盖章。

◎ 实训目标

通过实际操作练习，学生能够拟写公司的章程，理解、掌握公司章程在实践中的实际意义与法律效力。

◎ 实训要求

1. 学生应熟悉公司法中关于章程的有关规定，明晰公司组织机构安排、会议制度、利润分配、亏损承担等股东可以自己确定的事项有哪些。

2. 对照章程范本，学生分组讨论公司内部按照章程需规定的一系列事项，逐一确定、安排落实并加以记载。

◎ 实训材料

有限责任公司章程范本

_____有限公司章程

依据《中华人民共和国公司法》(以下简称《公司法》)及其他有关法律、行政法规的规定，由_____、_____和_____共同出资设立_____有限公司(以下简称"公司")，经全体股东讨论，并共同制订本章程。

第一章　公司的名称和住所

第一条　公司名称：_____公司

第二条　公司住所：_____

第二章　公司经营范围

第三条　公司经营范围：_____。

【企业经营涉及行政许可的，凭许可证件经营】

公司经营范围中属于法律、行政法规或者国务院决定规定在登记前须经批准的项目的，应当在申请登记前报经国家有关部门批准。

第三章　公司注册资本

第四条　公司注册资本：人民币_____万元

第四章　股东的姓名或者名称、出资方式、出资额和出资时间

第五条　股东的姓名或者名称、出资方式、出资额和出资时间如下：

股东的姓名或者名称	出资额	出资方式	出资时间

第六条　公司成立后，应向股东签发出资证明书并置备股东名册。

第五章　公司的机构及其产生办法、职权、议事规则

第七条　公司股东会由全体股东组成，是公司的权力机构，行使下列职权：

(一)决定公司的经营方针和投资计划；

(二)选举和更换非由职工代表担任的董事、监事，决定有关董事、监事的报酬事项；

(三)审议批准董事会的报告；

(四)审议批准监事会的报告；

(五)审议批准公司的年度财务预算方案、决算方案；

(六)审议批准公司的利润分配方案和弥补亏损方案；

(七)对公司增加或者减少注册资本作出决议；

(八)对发行公司债券作出决议;

(九)对公司合并、分立、解散、清算或者变更公司形式作出决议;

(十)修改公司章程;

(十一)为公司股东或者实际控制人提供担保作出决议。

(注:可以约定其他不违反公司法的职责)

对前款所列事项股东以书面形式一致表示同意的,可以不召开股东会会议,直接作出决定,并由全体股东在决定文件上签名、盖章(自然人股东签名、法人股东盖章)。

第八条 首次股东会会议由出资最多的股东召集和主持,依照公司法规定行使职权。

第九条 股东会会议分为定期会议和临时会议,并应当于会议召开<u>十五日</u>(注:可由股东自行约定)以前通知全体股东。定期会议每____召开一次(注:会议召开时间可由股东自行约定)。代表十分之一以上表决权的股东,三分之一以上的董事,监事会提议召开临时会议的,应当召开临时会议。

第十条 股东会会议由董事会召集,董事长主持;董事长不能履行职务或者不履行职务的,由副董事长主持;副董事长不能履行职务或者不履行职务的,由半数以上董事共同推举一名董事主持。

董事会不能履行或者不履行召集股东会会议职责的,由监事会召集和主持;监事会不召集和主持的,代表十分之一以上表决权的股东可以自行召集和主持。

第十一条 股东会应当对所议事项的决定作出会议记录,出席会议的股东应当在会议记录上签名。

股东会会议由股东按照<u>出资比例</u>(注:可由股东自行约定)行使表决权。

股东会会议作出修改公司章程、增加或者减少注册资本的决议,以及公司合并、分立、解散或者变更公司形式的决议,必须经代表全体股东三分之二以上表决权的股东通过。

股东会会议作出除前款以外事项的决议,须经代表<u>全体股东二分之一</u>(注:可由股东自行约定)以上表决权的股东通过。

第十二条 股东不能出席股东会会议的,可以书面委托他人参加,由被委托人依法行使委托书中载明的权力。

第十三条 公司向其他企业投资或者为他人提供担保,由_____(注:此处填写董事会或者股东会)作出决定。(此处还可以约定对投资或者担保的总额及单项投资或者担保的数额的限额)

其中为公司股东或者实际控制人提供担保的,必须经股东会决议。该项表决由出席会议的其他股东所持表决权的过半数通过,该股东或者实际控制人支配的股东不得参加。

第十四条 公司设董事会,其成员为____人(注:三至十三人),任期<u>三年</u>(注:可约定,不超过三年)。董事任期届满,可以连任。

董事任期届满未及时改选,或者董事在任期内辞职导致董事会成员低于法定人数的,在改选出的董事就任前,原董事仍应当依照法律、行政法规和公司章程的规定,履行董事职务。

董事会设董事长一人,董事长由_____(注:股东可以约定产生方式,如:董事会选举、股东会选举、股东委派等）。

第十五条 董事会对股东会负责，行使下列职权：

（一）召集股东会会议，并向股东会报告工作；

（二）执行股东会的决议；

（三）决定公司的经营计划和投资方案；

（四）制订公司的年度财务预算方案、决算方案；

（五）制订公司的利润分配方案和弥补亏损方案；

（六）制订公司增加或者减少注册资本以及发行公司债券的方案；

（七）制订公司合并、分立、解散或者变更公司形式的方案；

（八）决定公司内部管理机构的设置；

（九）决定聘任或者解聘公司经理及其报酬事项，并根据经理的提名决定聘任或者解聘副经理、财务负责人及其报酬事项；

（十）制定公司的基本管理制度。

（注：可以约定其他不违反公司法的职责）

第十六条 董事会会议由董事长召集和主持；董事长不能履行职务或者不履行职务的，由副董事长召集和主持；副董事长不能履行或者不履行职务的，由半数以上董事共同推举一名董事召集和主持。

第十七条 董事会会议须由过半数董事*（注：具体比例可约定）*出席方可举行。董事如不能出席董事会会议的，可以书面委托其他董事代为出席，由被委托人依法行使委托书中载明的权力。

第十八条 董事会对所议事项作出的决定由全体董事人数二分之一以上*（注：可由股东自行约定）*的董事表决通过方为有效，并应作为会议记录，出席会议的董事应当在会议记录上签名。

董事会决议的表决，实行一人一票。

第十九条 公司股东会、董事会的决议内容违反法律、行政法规的无效。

股东会、董事会的会议召集程序、表决方式违反法律、行政法规或者公司章程，或者决议内容违反公司章程的，股东可以自决议作出之日起六十日内，请求人民法院撤销。

公司根据股东会、董事会决议已办理变更登记的，人民法院宣告该决议无效或者撤销该决议后，公司应当向公司登记机关申请撤销变更登记。

第二十条 公司设经理一名，由董事会决定聘任或者解聘。经理每届任期为____年，任期届满，可以连任。经理对董事会负责，行使下列职权：

（一）主持公司的生产经营管理工作，组织实施董事会决议；

（二）组织实施公司年度经营计划和投资方案；

（三）拟订公司内部管理机构设置方案；

（四）拟订公司的基本管理制度；

（五）制定公司的具体规章；

（六）提请聘任或者解聘公司副经理、财务负责人；

（七）决定聘任或者解聘除应由董事会决定聘任或者解聘以外的负责管理人员；

（八）董事会授予的其他职权。

（注：股东对于上述八项职权可另行约定）

经理列席董事会会议。

（注：经理非公司必备机构，不设经理的此条不写入章程）

第二十一条　公司设监事会，其成员为＿＿＿人*（注：三人以上）*，监事任期每届三年，任期届满，可以连任。

监事会中有职工代表＿＿＿人*（注：股东约定，比例不得低于三分之一）*，由公司职工通过职工代表大会、职工大会或者其他形式民主选举产生。

监事任期届满未及时改选，或者监事在任期内辞职导致监事会成员低于法定人数的，在改选出的监事就任前，原监事仍应当依照法律、行政法规和公司章程的规定，履行监事职务。

监事会设主席一人，由全体监事过半数选举产生。监事会会议由监事会主席召集和主持；监事会主席不能履行职务或者不履行职务的，由半数以上监事共同推举一名监事召集和主持监事会会议。

董事、高级管理人员不得兼任监事。

第二十二条　监事会行使下列职权：

（一）检查公司财务；

（二）对董事、高级管理人员执行公司职务的行为进行监督，对违反法律、行政法规、公司章程或者股东会决议的董事、高级管理人员提出罢免的建议；

（三）当董事、高级管理人员的行为损害公司的利益时，要求董事、高级管理人员予以纠正；

（四）提议召开临时股东会会议，在董事会不履行《公司法》规定的召集和主持股东会会议职责时召集和主持股东会会议；

（五）向股东会会议提出草案；

（六）依法对董事、高级管理人员提起诉讼。

（注：可以约定其他不违反公司法的职责）

第二十三条　监事可以列席董事会会议，并对董事会决议事项提出质询或者建议。监事发现公司经营情况异常，可以进行调查；必要时，可以聘请会计师事务所等协助其工作，费用由公司承担。

第二十四条　监事会每年度至少召开一次会议，监事可以提议召开临时监事会会议。

监事会决议的表决，实行一人一票。监事会决议应当经半数以上监事通过，监事会应当对所议事项的决定作成会议记录，出席会议的监事应当在会议记录上签名。

第二十五条　监事会行使职权所必需的费用，由公司承担。

第六章　公司的法定代表人

第二十六条　公司的法定代表人由＿＿＿担任*（注：由董事长或经理担任）*。

第七章　股权转让

第二十七条　股东之间可以相互转让其全部或者部分股权。

股东向股东以外的人转让股权，应当经其他股东过半数同意。股东应就其股权转让事项书面通知其他股东征求同意，其他股东自接到书面通知之日起满三十日未答复的，视为同意转让。其他股东半数以上不同意转让的，不同意的股东应当购买该转让的股权；不购买的，视为同意转让。

经股东同意转让的股权，在同等条件下，其他股东有优先购买权。两个以上股东主张行使优先购买权的，协商确定各自的购买比例；协商不成的，按照转让时各自的出资比例行使优先购买权。*(注：此条内容股东可另作约定)*

第二十八条　转让股权后，公司应当注销原股东的出资证明书，向新股东签发出资证明书，并相应修改公司章程和股东名册中有关股东及其出资额的记载。对公司章程的该项修改不需再由股东会表决。

第二十九条　有下列情形之一的，对股东会该项决议投反对票的股东可以请求公司按照合理的价格收购其股权：

（一）公司连续五年不向股东分配利润，而公司该五年连续盈利，并且符合本法规定的分配利润条件的；

（二）公司合并、分立、转让主要财产的；

（三）公司章程规定的营业期限届满或者章程规定的其他解散事由出现，股东会会议通过决议修改章程使公司存续的。

自股东会会议决议通过之日起六十日内，股东与公司不能达成股权收购协议的，股东可以自股东会会议决议通过之日起九十日内向人民法院提起诉讼。

第三十条　自然人股东死亡后，其合法继承人<u>可以</u>*(注：股东可约定)*继承股东资格。

第八章　财务、会计、利润分配及劳动用工制度

第三十一条　公司应当依照法律、行政法规和国务院财政主管部门的规定建立本公司的财务、会计制度，并应在每个会计年度终了时制作财务会计报告，委托国家承认的会计师事务所审计并出具书面报告。

第三十二条　公司利润分配按照《公司法》及有关法律、法规，国务院财政主管部门的规定执行。股东按照实缴的出资比例*(注：股东可约定)*分取红利。

第三十三条　公司聘用、解聘承办公司审计业务的会计师事务所由____ *(注：选填股东会或董事会)* 决定。

第三十四条　劳动用工制度按国家法律、法规及国务院劳动部门的有关规定执行。

第九章　公司的解散事由与清算办法

第三十五条　公司的营业期限为_____年，从《企业法人营业执照》签发之日起计算。

第三十六条　公司有下列情形之一，可以解散：

（一）公司营业期限届满；

(二)股东会决议解散；

(三)因公司合并或者分立需要解散；

(四)依法被吊销营业执照、责令关闭或者被撤销；

(五)人民法院依照公司法的规定予以解散。

公司营业期限届满时，可以通过修改公司章程而存续。

第三十七条 公司经营管理发生严重困难，继续存续会使股东利益受到重大损失，通过其他途径不能解决的，持有公司全部股东表决权百分之十以上的股东，可以请求人民法院解散公司。

第三十八条 公司因本章程第三十七条第一款第(一)项、第(二)项、第(四)项、第(五)项规定解散时，应当在解散事由出现起十五日内成立清算组对公司进行清算。清算组应当自成立之日起十日内向登记机关申请清算组成员及负责人备案、通知债权人，并于六十日内在报纸公告。清算结束后，清算组应当制作清算报告，报股东会或者人民法院确认，并报送公司登记机关，申请注销公司登记，公告公司终止。

第三十九条 清算组由股东组成，具体成员由股东会决议产生。

第十章　董事、监事、高级管理人员的义务

第四十条 高级管理人员是指本公司的经理、副经理、财务负责人。

第四十一条 董事、监事、高级管理人员应当遵守法律、行政法规和公司章程，对公司负有忠实义务和勤勉义务，不得利用职权收受贿赂或者其他非法收入，不得侵占公司的财产。

第四十二条 董事、高级管理人员不得有下列行为：

(一)挪用公司资金；

(二)将公司资金以其个人名义或者以其他个人名义开立账户存储；

(三)未经股东会同意，将公司资金借贷给他人或者以公司财产为他人提供担保；

(四)未经股东会同意，与本公司订立合同或者进行交易；

(五)未经股东会同意，利用职务便利为自己或者他人谋取属于公司的商业机会，自营或者为他人经营与所任职公司同类的业务；

(六)接受他人与公司交易的佣金归为己有；

(七)擅自披露公司秘密；

(八)违反对公司忠实义务的其他行为。

第四十三条 董事、监事、高级管理人员执行公司职务时违反法律、行政法规或者公司章程的规定，给公司造成损失的，应当承担赔偿责任。

第十一章　股东会认为需要规定的其他事项

第四十四条 本章程中的各项条款与法律、法规、规章不符的，以法律、法规、规章的规定为准。

第四十五条 公司登记事项以公司登记机关核定的为准。公司根据需要修改公司章程而未涉及变更登记事项的，公司应将修改后的公司章程送公司登记机关备案；涉及变更登

记事项的，同时应向公司登记机关作变更登记。

　　第四十六条　本章程自全体股东盖章、签字之日起生效。

　　第四十七条　本章程一式_____份，公司留存_____份，并报公司登记机关备案一份。

全体股东签字(法人股东盖章)：

年　　月　　日

　　注：本章程中股东自行约定的事项不得违反有关法律、行政法规的规定。

◎ 要点指导

　　1. 学生要沿用上一项目创建有限公司时的分组，继续对所创办公司内部事务进行完善并落实到章程，注意公司出资的份额、出资方式等相关安排，公司利润分配、亏损承担的约定等；注意与前期创办公司的安排一致。

　　2. 注意根据所创办公司规模大小对公司内部组织机构进行合理构建，关注公司股东权益的保护等问题。

　　3. 明晰公司章程在公司内部的法律效力。

　　4. 公司章程要充分体现公司自治，在法律允许的空间内尽可能对股东关切的各个事项作出恰当安排，这样公司的经营才能行稳致远。

◎ 拓展思考

　　1. 思考公司章程对公司内、外的效力。

　　2. 思考实践中公司僵局是如何产生的。在公司设立环节可否科学避免。

　　3. 思考公司僵局的解决路径有哪些。公司章程对此可以发挥什么作用。

◎ 课后讨论案例

　　某有色金属有限公司的公司章程中规定："董事会是总公司的最高权力机关，其下属分公司经理等高级管理人员的任免须经董事会讨论决定，由董事长签字方能生效。"2011年4月，该有色金属有限公司总经理王某未经董事会讨论通过，擅自以总公司的名义，任命李某为有色金属总公司下设的分公司经理。该分公司系2010年4月设立，不具备法人资格，取得工商部门签发的"营业执照"。2011年8月4日，李某持该分公司的营业执照向工商银行申请流动资金贷款，经工商银行审查同意后，双方签订了借款合同，借款12万元，期限6个月。由于该分公司经营管理不善，到2012年2月贷款到期时，该分公司只能偿还2万元，尚欠10万元并利息14040元。市工商银行找到该有色金属有限公司，要求其承担下属分公司的贷款债务。总公司以其章程规定，下属分公司经理的任免应由董事会决定，而李某的任命不符合章程规定为由，拒绝了工商银行的请求。工商银行遂以该有色金属有限公司及其分公司为共同被告，向人民法院起诉。

◎ 问题：

公司章程规定是否合法？是否有对抗第三人的效力？为什么？

◎ 公司法模块实训项目三

公司治理结构案例研习

◎ 相关法律知识

公司治理结构

公司治理结构，或者称为法人治理结构，实际上就是关于股东与董事、经理以及监事之间的权力分配与安排的基本模式。不同的国家，由于法律传统不同，公司法选取的治理结构也不一样。在英美法系国家，公司机关由股东会和董事会构成，公司治理结构为单轨制。在大陆法系国家，公司机关由股东会董事会和监事会构成，公司治理结构为双轨制。我国遵循大陆法系传统，采用的双轨制。

公司治理结构中的权力分配

关于股东会。股东会是公司内部最高权力机构，决定公司运营中的重大事项。《公司法》第37条和第99条规定，股东(大)会行使以下职权：(1)决定公司的经营方针和投资计划；(2)选举和更换非由职工代表担任的董事、监事，决定有关董事、监事的报酬事项；(3)审议批准董事会的报告；(4)审议批准监事会或者监事的报告；(5)审议批准公司的年度财务预算方案、决算方案；(6)审议批准公司的利润分配方案和弥补亏损方案；(7)对公司增加或者减少注册资本作出决议；(8)对发行公司债券作出决议；(9)对公司合并、分立、解散、清算或者变更公司形式作出决议；(10)修改公司章程；(11)公司章程规定的其他职权。

关于董事会。董事会被委以业务经营和事务管理的权力，包括所有重大商业决策的权力。《公司法》第46条规定，董事会对股东(大)会负责

行使下列职权：(1)召集股东会会议，并向股东会报告工作；(2)执行股东会的决议；(3)决定公司的经营计划和投资方案；(4)制订公司的年度财务预算方案、决算方案；(5)制订公司的利润分配方案和弥补亏损方案；(6制订公司增加或者减少注册资本以及发行公司债券的方案；(7)制订公司合并、分立、解散或者变更公司形式的方案；(8)决定公司内部管理机构的设置；(9)决定聘任或者解聘公司经理及其报酬事项，并根据经理的提名决定聘任或者解聘公司副经理、财务负责人及其报酬事项；(10)制定公司的基本管理制度；(11)公司章程规定的其他职权。

关于经理。经理由董事会聘任、解任，对董事会负责。《公司法》第49、113条规定，经理行使下列职权：(1)主持公司的生产经营管理工作，组织实施董事会决议；(2)组织实施公司年度经营计划和投资方案；(3)拟订公司内部管理机构设置方案；(4)拟订公司

的基本管理制度；（5）制定公司的具体规章；（6）提请聘任或者解聘公司副经理、财务负责人；（7）决定聘任或者解聘除应由董事会决定聘任或者解聘以外的负责管理人员；（8）董事会授予的其他职权。公司章程对经理职权另有的，从其规定。此外，经理列席董事会会议。

关于监事会。监事会的职能主要是对公司业务和财务进行监督。《公司法》第53、117、118条规定，监事会、不设监事会的公司的监事行使下列职权：（1）检查公司财务；（2）对董事、高级管理人员执行公司职务的行为进行监督，对违反法律、行政法规、公司章程或者股东会决议的董事、高级管理人员提出罢免的建议；（3）当董事、高级管理人员的行为损害公司的利益时，要求董事、高级管理人员予以纠正；（4）提议召开临时股东会会议，在董事会不履行本法规定的召集和主持股东会会议职责时召集和主持股东会会议；（5）向股东会会议提出提案；（6）依照本法第一百五十一条的规定，对董事、高级管理人员提起诉讼；（7）公司章程规定的其他职权。

◎ 相关法律规定

《中华人民共和国公司法》

第一百四十七条　董事、监事、高级管理人员应当遵守法律、行政法规和公司章程，对公司负有忠实义务和勤勉义务。

董事、监事、高级管理人员不得利用职权收受贿赂或者其他非法收入，不得侵占公司的财产。

第一百四十八条　董事、高级管理人员不得有下列行为：

（一）挪用公司资金；

（二）将公司资金以其个人名义或者以其他个人名义开立账户存储；

（三）违反公司章程的规定，未经股东会、股东大会或者董事会同意，将公司资金借贷给他人或者以公司财产为他人提供担保；

（四）违反公司章程的规定或者未经股东会、股东大会同意，与本公司订立合同或者进行交易；

（五）未经股东会或者股东大会同意，利用职务便利为自己或者他人谋取属于公司的商业机会，自营或者为他人经营与所任职公司同类的业务；

（六）接受他人与公司交易的佣金归己有；

（七）擅自披露公司秘密；

（八）违反对公司忠实义务的其他行为。

董事、高级管理人员违反前款规定所得的收入应当归公司所有。

第一百四十九条　董事、监事、高级管理人员执行公司职务时违反法律、行政法规或者公司章程的规定，给公司造成损失的，应当承担赔偿责任。

第一百五十条　股东会或者股东大会要求董事、监事、高级管理人员列席会议的，董事、监事、高级管理人员应当列席并接受股东的质询。

董事、高级管理人员应当如实向监事会或者不设监事会的有限责任公司的监事提供有关情况和资料，不得妨碍监事会或者监事行使职权。

第一百五十一条 董事、高级管理人员有本法第一百四十九条规定的情形的，有限责任公司的股东、股份有限公司连续一百八十日以上单独或者合计持有公司百分之一以上股份的股东，可以书面请求监事会或者不设监事会的有限责任公司的监事向人民法院提起诉讼；监事有本法第一百四十九条规定的情形的，前述股东可以书面请求董事会或者不设董事会的有限责任公司的执行董事向人民法院提起诉讼。

监事会、不设监事会的有限责任公司的监事，或者董事会、执行董事收到前款规定的股东书面请求后拒绝提起诉讼，或者自收到请求之日起三十日内未提起诉讼，或者情况紧急、不立即提起诉讼将会使公司利益受到难以弥补的损害的，前款规定的股东有权为了公司的利益以自己的名义直接向人民法院提起诉讼。

他人侵犯公司合法权益，给公司造成损失的，本条第一款规定的股东可以依照前两款的规定向人民法院提起诉讼。

第一百五十二条 董事、高级管理人员违反法律、行政法规或者公司章程的规定，损害股东利益的，股东可以向人民法院提起诉讼。

第一百八十二条 公司经营管理发生严重困难，继续存续会使股东利益受到重大损失，通过其他途径不能解决的，持有公司全部股东表决权百分之十以上的股东，可以请求人民法院解散公司。

第一百八十三条 公司因本法第一百八十一条第(一)项、第(二)项、第(四)项、第(五)项规定而解散的，应当在解散事由出现之日起十五日内成立清算组，开始清算。有限责任公司的清算组由股东组成，股份有限公司的清算组由董事或者股东大会确定的人员组成。逾期不成立清算组进行清算的，债权人可以申请人民法院指定有关人员组成清算组进行清算。人民法院应当受理该申请，并及时组织清算组进行清算。

◎ **实训目标**

通过实际操作练习，学生能够综合运用所学公司法知识分析、解决实际中发生的因公司治理结构矛盾而引发的各种法律纠纷。

◎ **实训要求**

1. 学生分组分角色扮演案例中不同投资主体，进行讨论，根据自己关切利益对公司组织结构问题提出自己的意见安排。

2. 根据所学公司法知识综合分析运用，尝试找出几种预防此类纠纷的方法、路径。

◎ **实训素材**

公司控制股东侵权案案例：

原告甲公司与乙公司和被告丙公司都是第三人丁公司的股东。在丁公司8000万元的股本金中，丙公司持有4400万元的股份，占注册资金的55%，为丁公司的控制股东。甲公司持有1450万元股份，占注册资金的18.125%。乙公司持有400万元股份，占注册资金的5%，其余股份由小股东持有。丙公司派张某出任丁公司的董事长、法定代表人，并由张某提名任命丙公司的石某出任丁公司总经理。被告丙公司和第三人丁公司签订了一份《债权债务处理协议书》，确认丙公司欠丁公司3791万元。丙公司将其房产作价40352784元给丁公司充抵债务，房产与债务冲抵后的余额642784元作为房产过户费用。丁公司的非控股股东认为：丙公司利用担任丁公司董事长、总经理的优势地位，损害了丁公司和他们的利益，遂决定起诉丙公司侵权。该市中级人民法院审理认为：被告丙公司给第三人丁公司抵债的房产，实际价值为1179.64万元，根本不能抵偿其欠丁公司的3971万元债务。丙公司利用自己在丁公司的控股地位，用以物抵债抵值高估的方法为本公司牟取非法利益，给丁公司造成2852.26万元的损失，侵害了丁公司以及其他非控股股东的权益。丙公司与丁公司签订的《债权债务处理协议书》，其中关于丙公司以房产作价抵偿丁公司债务的条款，违背了公平和诚实信用原则，应认定为无效，丙公司对其侵权行为给定公司造成的损失，应负赔偿责任。

思考问题：本案纠纷为什么会出现？

◎ 要点指导

如何在公司内部架构合理的治理机构对保证公司日常正常运营至关重要，科学、合理、严谨的组织机构安排不仅可以使得公司运营顺畅，而且可以减少公司不必要的内耗，避免不必要的矛盾和纠纷，既有利于公司的效益最大化也有利于股东的利益最大化。思考公司内部各组织机构的职能性质？如何安排才能有效发挥其职能？

◎ 拓展思考

公司僵局问题

"公司僵局"（corporate deadlock）是指公司在存续运行中由于股东、董事之间矛盾激化而处于僵持状况，导致股东会、董事会等公司机关不能按照法定程序作出决策，从而使公司陷入无法正常运转，甚至瘫痪的状况。

鉴于在司法实践中，有关"公司僵局"纠纷的法律问题日益凸显，《公司法》为公司僵局提供了司法救济途径，规定适格股东在出现"公司僵局"的情形下可以起诉要求法院强制解散公司。公司法这些规定对"公司僵局"规定了诉讼解决途径，但是仍然存在一定的缺陷：首先，提起诉讼者只能是股东，没有给予其它利益相关者相应权利；其次，未规定其它救济途径，使得公司强制解散成为破解"公司僵局"的唯一结果。所以，基于公司自治理念的加强，除强制解散外还应当考虑给予当事人有多种选择途径。

课后讨论案例：

1. 李某与祁某共同在上海投资设立一家公司，大股东李某为公司法定代表人，任执行董事兼经理，祁某任公司监事。公司自开业以来，经营状况良好，祁某多次提议召开股东会并分配利润，但李某拒不召开。祁某以李某和公司为共同被告提起诉讼，诉称李某控制公司并损害公司利益，公司已陷入表决僵局和经营僵局。

2. 成都天奥实业公司与新津工程机械总公司共同出资设立新津天奥工程机械公司。成都天奥与新津机械各占50%股权。新津天奥成立后，长期没进入正轨，且两股东矛盾激化，使公司无法正常经营。于是成都天奥起诉申请法院强制清算。

◎ 公司法模块实训项目四

公司法综合案例研习

◎ 相关法律知识

股东会是由公司全体股东组成。股东会是公司的权力机构。

股东会的会议方式

股东会会议分为定期会议和临时会议。定期会议应当依照公司章程的规定按时召开。代表十分之一以上表决权的股东，三分之一以上的董事，监事会或者不设监事会的公司的监事提议召开临时会议的，应当召开临时会议。

股东会的召集和主持：首次股东会会议由出资最多的股东召集和主持，依照公司法规定行使职权。公司设立董事会的，股东会会议由董事会召集，董事长主持；董事长不能履行职务或者不履行职务的，由副董事长主持；副董事长不能履行职务或者不履行职务的，由半数以上董事共同推举一名董事主持。有限责任公司不设董事会的，股东会会议由执行董事召集和主持。董事会或者执行董事不能履行或者不履行召集股东会会议职责的，由监事会或者不设监事会的公司的监事召集和主持；监事会或者监事不召集和主持的，代表十分之一以上表决权的股东可以自行召集和主持。

召开股东会会议，应当于会议召开十五日前通知全体股东；但是，公司章程另有规定或者全体股东另有约定的除外。

股东会的议事规则

股东会的议事方式和表决程序，除公司法有规定的外，由公司章程规定。

普通决议：经出席会议的代表 1/2 以上表决权的股东通过。

特别决议：股东会会议作出修改公司章程、增加或者减少注册资本的决议，以及公司合并、分立、解散或者变更公司形式的决议，必须经代表三分之二以上表决权的股东通过。

◎ 相关法律规定

《中华人民共和国公司法》

第二十五条 有限责任公司章程应当载明下列事项：

（一）公司名称和住所；

（二）公司经营范围；

（三）公司注册资本；

（四）股东的姓名或者名称；

（五）股东的出资方式、出资额和出资时间；

（六）公司的机构及其产生办法、职权、议事规则；

（七）公司法定代表人；

（八）股东会会议认为需要规定的其他事项。

股东应当在公司章程上签名、盖章。

第二十八条 股东应当按期足额缴纳公司章程中规定的各自所认缴的出资额。股东以货币出资的，应当将货币出资足额存入有限责任公司在银行开设的账户；以非货币财产出资的，应当依法办理其财产权的转移手续。

股东不按照前款规定缴纳出资的，除应当向公司足额缴纳外，还应当向已按期足额缴纳出资的股东承担违约责任。

第三十条 有限责任公司成立后，发现作为设立公司出资的非货币财产的实际价额显著低于公司章程所定价额的，应当由交付该出资的股东补足其差额；公司设立时的其他股东承担连带责任。

第三十八条 首次股东会会议由出资最多的股东召集和主持，依照本法规定行使职权。

第三十九条 股东会会议分为定期会议和临时会议。

定期会议应当依照公司章程的规定按时召开。代表十分之一以上表决权的股东，三分之一以上的董事，监事会或者不设监事会的公司的监事提议召开临时会议的，应当召开临时会议。

第四十三条 股东会的议事方式和表决程序，除本法有规定的外，由公司章程规定。

股东会会议作出修改公司章程、增加或者减少注册资本的决议，以及公司合并、分立、解散或者变更公司形式的决议，必须经代表三分之二以上表决权的股东通过。

第七十一条 有限责任公司的股东之间可以相互转让其全部或者部分股权。

股东向股东以外的人转让股权，应当经其他股东过半数同意。股东应就其股权转让事项书面通知其他股东征求同意，其他股东自接到书面通知之日起满三十日未答复的，视为同意转让。其他股东半数以上不同意转让的，不同意的股东应当购买该转让的股权；不购买的，视为同意转让。

经股东同意转让的股权，在同等条件下，其他股东有优先购买权。两个以上股东主张行使优先购买权的，协商确定各自的购买比例；协商不成的，按照转让时各自的出资比例行使优先购买权。

公司章程对股权转让另有规定的，从其规定。

第七十二条 人民法院依照法律规定的强制执行程序转让股东的股权时，应当通知公司及全体股东，其他股东在同等条件下有优先购买权。其他股东自人民法院通知之日起满二十日不行使优先购买权的，视为放弃优先购买权。

第七十三条 依照本法第七十一条、第七十二条转让股权后，公司应当注销原股东的出资证明书，向新股东签发出资证明书，并相应修改公司章程和股东名册中有关股东及其出资额的记载。对公司章程的该项修改不需再由股东会表决。

第七十四条 有下列情形之一的，对股东会该项决议投反对票的股东可以请求公司按照合理的价格收购其股权：

（一）公司连续五年不向股东分配利润，而公司该五年连续盈利，并且符合本法规定的分配利润条件的；

（二）公司合并、分立、转让主要财产的；

（三）公司章程规定的营业期限届满或者章程规定的其他解散事由出现，股东会会议通过决议修改章程使公司存续的。

自股东会会议决议通过之日起六十日内，股东与公司不能达成股权收购协议的，股东可以自股东会会议决议通过之日起九十日内向人民法院提起诉讼。

第一百四十七条 董事、监事、高级管理人员应当遵守法律、行政法规和公司章程，对公司负有忠实义务和勤勉义务。

董事、监事、高级管理人员不得利用职权收受贿赂或者其他非法收入，不得侵占公司的财产。

第一百四十八条 董事、高级管理人员不得有下列行为：

（一）挪用公司资金；

（二）将公司资金以其个人名义或者以其他个人名义开立账户存储；

（三）违反公司章程的规定，未经股东会、股东大会或者董事会同意，将公司资金借贷给他人或者以公司财产为他人提供担保；

（四）违反公司章程的规定或者未经股东会、股东大会同意，与本公司订立合同或者进行交易；

（五）未经股东会或者股东大会同意，利用职务便利为自己或者他人谋取属于公司的商业机会，自营或者为他人经营与所任职公司同类的业务；

（六）接受他人与公司交易的佣金归为己有；

（七）擅自披露公司秘密；

（八）违反对公司忠实义务的其他行为。

董事、高级管理人员违反前款规定所得的收入应当归公司所有。

第一百四十九条 董事、监事、高级管理人员执行公司职务时违反法律、行政法规或者公司章程的规定，给公司造成损失的，应当承担赔偿责任。

◎ 实训目标

通过实际操作练习，学生能够综合运用所学公司法部分知识分析、解决实际中发生的公司各类法律纠纷。

◎ 实训要求

1. 学生分组分角色扮演案例中不同投资主体，针对提出问题进行讨论，根据自己关切利益提出自己意见。

2. 根据所学公司法知识尝试找出几种预防此类纠纷的方法、路径？

◎ 实训素材

案例 1 甲、乙等 9 家公司拟联合组建设立"宏达航空货运有限责任公司"（以下简称宏达公司）。公司章程的部分内容是：公司成立 3 年内股东缴足所有出资即可。公司股东会除召开定期会议外，还可以召开临时会议，临时会议须经代表 1/4 以上表决权的股东、1/2 以上的董事或 1/2 以上的监事提议召开。在申请公司设立登记时，登记机关指出了公司章程中的不合法之处。经全体股东协商后，予以纠正。

2018 年 1 月，宏达公司依法登记设立，甲以专利技术出资，协议作价出资 1200 万元，乙认缴的出资 1400 万元，是出资最多的股东。公司成立后，由甲召集和主持首次股东会会议，设立了董事会和监事会。监事会有 5 名成员，其中 1 人是公司职工代表。

2018 年 2 月，宏达公司董事会发现，甲作为出资的专利技术的实际价额显著低于公司章程所定的价额，为了使公司股东出资总额仍达到 1 亿元，董事会提出了解决方案，即：由甲补足差额；如果甲不能补足差额，则由其他股东按出资比例分担该差额。

2018 年 3 月，公司经过一段时间的运作后，经济效益较好，董事会拟定了一个增加注册资本的方案，方案提出将公司现有的注册资本由 1 亿元增加到 1.5 亿元。增资方案提交股东会讨论表决时，有 5 家股东赞成增资，该 5 家股东出资总和为 5830 万元，占表决权总数的 58.3%；有 4 家股东不赞成增资，4 家股东出资总和为 4170 万元。股东会通过增资决议，并授权董事会执行。

2018 年 4 月，宏达公司因业务发展需要，依法成立了杭州分公司。杭州分公司在生产经营过程中，因违约被诉至法院，对方以宏达公司是杭州分公司的总公司为由，要求宏达公司承担违约责任。

◎ 根据上述案例，讨论、分析下列问题：

1. 宏达公司设立过程中订立的公司章程有哪些不合法之处？说明理由。
2. 宏达公司首次股东会会议的召开和决议有哪些不合法之处？为什么？
3. 宏达公司董事会作出的关于甲出资不足的解决方案的内容是否合法？说明理由。
4. 宏达公司股东会作出的增资决议是否合法？说明理由。
5. 宏达公司是否应替杭州分公司承担违约责任？说明理由。

案例 2

有限责任公司股东出资转让案例

2002 年 4 月 1 日，嘉利通有限责任公司、琼州市炼油厂、扬帆造纸有限责任公司、万达电脑有限责任公司，圣雅诗移动电话有限责任公司五公司商议共同投资建立宏意电磁灶有限责任公司，总投资额为 10000 万元。琼州市炼油厂以旧的厂房、设备折价 2100 万元；扬帆造纸有限责任公司出资 2500 万元、万达电脑有限责任公司出资 800 万元、圣雅诗移动电话有限责任公司出资 2500 万元。嘉利通有限责任公司以其拥有的生产改造技术折价 2100 万元。五方约定，在 6 月 1 日前资金到位，由嘉利通有限责任公司负责办理公司登记手续。到 5 月 10 日，嘉利通有限责任公司、琼州市炼油厂、扬帆造纸有限责任公司、圣雅诗移动电话有限责任公司按照合同规定办理了出资手续和财产权转移手续。万达电脑有限责任公司提出，因资金困难，要求退出。万达电脑有限责任公司退出后，嘉利通有限责任公司与琼州市炼油厂各承担 400 万元出资，公司还是成立了。

公司成立 1 年以后，扬帆造纸有限责任公司提出自己公司改造缺乏资金，要求抽回自己的出资。条件是愿意赔偿其他股东的经济损失各 50 万元。嘉利通有限责任公司不同意。说：如果扬帆造纸有限责任公司抽回自己的出资，嘉利通有限责任公司将自己所有的股权，全部转让给华夏有限责任公司。对于嘉利通有限责任公司的转让要求，琼州市炼油厂、圣雅诗移动电话有限责任公司不同意。琼州市炼油厂、圣雅诗移动电话有限责任公司要求在同等条件下，优先购买嘉利通有限责任公司的股权。有人提出：

1. 在宏意电磁灶有限责任公司成立过程中，有不符合法律的规定的地方。

2. 万达电脑有限责任公司与扬帆造纸有限责任公司提出，因资金困难，要求退出。不能够同意。

3. 嘉利通有限责任公司全部转让自己所有的股权给华夏有限责任公司，是不可以的。请对此提出你自己的意见。

◎ **本案参考结论**

1. 万达电脑有限责任公司要求退出，可以接受。

2. 公司成立后，扬帆造纸有限责任公司要求退出公司，是不可以的。

3. 嘉利通有限责任公司全部转让自己所有的股权给华夏有限责任公司，必须经超过全体股东的半数同意才有效。

4. 如果琼州市炼油厂、圣雅诗移动电话有限责任公司不同意股权转让，应该自己购买。

案例 3

竞业禁止案例

2015 年夏季，平阳市出现罕见的大雨，雨衣供不应求。殷诗祯是平阳市万方当代商厦的董事兼总经理。殷诗祯以朋友的大十字现代商城的名义从东郢市购进一批总价为 10 万元的雨衣。殷诗祯将该批雨衣销售给永和贸易有限责任公司，获利 2 万元。万方当代商厦董事会得知信息后，认为殷诗祯身为万方当代商厦董事兼总经理，应当忠实履行其职责，有竞业禁止的义务，不得经营与本公司同类的业务。殷诗祯的行为违反了公司法。万方当代商厦董事会作出决议，责成殷诗祯取消合同，并由万方当代商厦将此批雨衣买下。永和贸易有限责任公司认为，该批雨衣的买卖，是在永和贸易有限责任公司和大十字现代商城之间进行的，与万方当代商厦没有关系，两公司之间签订的合同是双方当事人一致意思的表示，合同内容合法。双方签订的合同是有效的。殷诗祯作为万方当代商厦董事，经营与万方当代商厦类似业务，属于万方当代商厦的内部事务。万方当代商厦董事会的决议对永和贸易有限责任公司没有效力。

◎ **问题：**

1. 殷某是否违反竞业禁止义务？

2. 殷某所行的商业行为是否有效？

3. 平阳市万方当代商厦的损失如何救济？

案例 4 甘某和李某均为某市红星塑料制品股份有限公司（以下简称红星公司）的董

事。2017 年 9 月甘某、李某又与其所任公司以外的两人陈某、王某合伙开办了一个农用塑料薄膜厂，从事大棚塑料薄膜的生产。某产品与红星公司的产品相同。2018 年 1 月，红星公司发现了甘某和李某的这一行为。经临时股东大会决议，公司免去了甘某、李甘公司董事的职务。同时，公司要求甘某和李某将其与他合伙经营塑料薄膜厂期间所得收入共计 20 万元人民币交予公司，被二人拒绝。红星公司遂诉至法院，要求法院判令甘某和李甘将其经营农塑料薄膜厂所得收入交给红星公司。

◎ **问题：**

1. 甘某和李某与他人合伙开办农用塑料膜的行为是否合法？

2. 红星公司免去甘某和李某董事职务的行为及要求二人将经营农用塑料薄膜厂期间的收入交予公司的主张是否合法？

◎ 要点指导

1. 要首先理清所发生的纠纷属于哪种法律关系、属于公司法哪一理论问题，然后再找出对应法律依据分析、解决。

2. 思考此类问题事前、事后解决的不同机制。

◎ 拓展思考

现实生活中公司在设立、存续经营过程中时常会发生各种各样的问题，需要根据所学公司法内容认真思考、分析、应对。较为常见的还是出资问题、内部机构安排问题、利润分配、亏损承担、增资、减资、股权转让等问题，这些问题在一定程度上通过事前的科学制度安排是可以有效避免的，因此，充分运用公司法规定，防患于未然很有必要。当然，对于大部分已经发生的各种各样纠纷，尽可能找到公司法适用依据定分止争，这样才有利于公司效益最大化、公司股东利益最大化。

◎ 课后讨论案例

甲、乙、丙三家企业均为国有企业，在企业改制过程中，三家企业计划进行股份制改造，共同作为股份有限公司的发起人，以募集方式设立一个股份有限公司，公司注册资本为 1000 万元人民币，计划将公司注册资本分为 1000 万股。其中，甲企业认购 300 万股，乙企业认购 150 万股，丙企业认购 100 万股；其余 450 万股依法向社会公开募集。在公司设立过程中，公司章程由甲、乙、丙三家企业共同制定；由于公司的规模较小，为了精简公司的机构，公司决定不设董事会，由甲企业的厂长李某担任公司的执行董事并兼任公司的总经理。

◎ **根据上述有关情况，回答下列问题：**

1. 该股份有限公司的发起人人数是否符合《公司法》的规定？为什么？

2. 该股分有限公司的股份发行事项是否符合《公司法》的规定？为什么？

3. 该公司的章程制定程序是否符合《公司法》的规定？为什么？

4. 该公司决定不设董事会，只设执行董事是否符合《公司法》的规定？为什么？

模块三　破产法模块

实训项目一　破产程序流程

◎ 相关法律基本知识

破产的概念。破产通常可以从两个方面理解：一是指客观状态，即债务人不能清偿到期债务的客观事实状态；二是指法律程序，即当债务人不能清偿到期债务时，法院根据当事人的申请或依职权，以债务人的所有财产公平清偿给全体债权人的一种概括性执行程序。

破产的特点。1. 破产是一种特殊的偿债手段。债务到期后，债务人必须偿还债权人的债务。与一般的偿债不同，破产还债是通过消灭债务人的主体资格实现的，而一般的债务履行行为则不会导致债务人主体资格的消灭。2. 破产适用的前提即破产原因，是债务人不能清偿到期债务。不能清偿到期债务，可能是债务人已资不抵债，也可能是债务人的资产虽然多于债务，但却无法归还债务。在此种情况下，只有通过宣告债务人破产，才能维护多数债权人的利益。如果没有债务人不能清偿到期债务这一前提存在，就不得适用破产程序。3. 破产的主要目的在于使债权人获得公平清偿。债务人不能清偿到期债务，如仅有一个债权人，适用民事诉讼的强制执行程序就可以达到满足债权人债权的目的。但如果有多个债权人，特别是当债务人的资产不足以满足全体债权人的债权要求时，则需要适用破产程序，按一定的顺序和比例将债务人的所有财产公平、合理地分配给债权人。4. 破产是一种概括性执行程序。债务人不能清偿到期债务时，一旦适用破产程序，就必须受人民法院的概括性执行程序的支配。破产的申请、受理、审理和执行都必须在人民法院的介入和主持下进行。

破产法虽然是规范破产程序的法律，但其内容包含程序性规范和实体性规范两个方面。前者如破产案件的管辖、破产的申请与受理、破产原因、债权申报、债权人会议、破产宣告、和解程序、重整程序、清算分配、程序的终结等制度；后者如债务人的破产能力、破产债权破产财产、破产费用、共益债务、免责制度、破产宣告的效力以及破产法上的撤销权、取回权、别除权、抵消权等制度。其中，程序性规范是破产法的主要内容，实体性规范是为了程序性规范而设定的，是附属于程序性规范而存在的。

破产基本程序

破产申请，是指破产申请人请求人民法院受理破产案件的意思表示。破产申请分为债权人申请、债务人申请和其他责任人申请。所谓其他责任人，按照我国《破产法》第7条第三款的规定,是指企业法人已解散但未清算或者未清算完毕,资产不足以清偿债务的,依法负有清算责任的人应当向人民法院申请破产清算。无论是谁提出破产申请,都应当采用书面形式。申请人除递交书面申请外,还应依照法律的要求提交有关证明材料。破产申请书应当载明下列事项:申请人、被申请人的基本情况;申请目的;申请的事实和理由;人民法院认为应当载明的其他事项。债务人提出申请的,还应当向人民法院提交财产状况说明、债务清册、债权清册、有关财务会计报告、职工安置预案以及职工工资的支付和社会保险费用的缴纳情况。

破产案件的受理,又称立案,是指法院经审查认为破产申请符合法定条件而予以接受,并因此开始破产程序的司法行为。破产案件的受理是破产程序开始的标志。法院在受理破产申请前,应当对破产申请进行形式审查和实质审查。

人民法院裁定受理破产申请的,应当同时指定管理人。

人民法院应当自裁定受理破产申请之日起 25 日内通知已知债权人,并予以公告。通知和公告应当载明下列事项:申请人、被申请人的名称或者姓名;人民法院受理破产申请的时间;申报债权的期限、地点和注意事项;管理人的名称或者姓名及其处理事务的地址;债务人的债务人或者财产持有人应当向管理人清偿债务或者交付财产的要求;第一次债权人会议召开的时间和地点;人民法院认为应当通知和公告的其他事项。

管理人。管理人,在国外破产法中称破产管理人,是指负责破产财产的管理、清算、估价、变卖和分配的专门机构。依破产法原理,破产管理人可以是一人,也可以是数人。在我国,管理人既不是政府机构,也不是债权人或者债务人的代理人,而是依破产法的规定在破产宣告后成立,负责执行破产财产管理、变价、分配等破产事务的独立的专门机关。在破产程序中,它以自己的名义执行破产管理事务,并随破产清算程序的终结而解散。

管理人产生的时间。我国《破产法》第 13 条规定:"人民法院裁定受理破产申请的,应当同时指定管理人。"依此规定,破产管理人的产生时间是人民法院裁定受理破产申请之时。

破产管理人可以是机构,也可以是个人。根据《破产法》第 24 条的规定,"管理人可以由有关部门、机构的人员组成的清算组或者依法设立的律师事务所、会计师事务所、破产清算事务所等社会中介机构担任。人民法院根据债务人的实际情况,可以在征询有关社会中介机构的意见后,指定该机构具备相关专业知识并取得执业资格的人员担任管理人。"这里的中介机构专业人士主要是指律师、会计师、审计师等。但有下列情形之一的,不得担任管理人:因故意犯罪受过刑事处罚;曾被吊销相关专业执业证书;与本案有利害关系;人民法院认为不宜担任管理人的其他情形。

根据我国破产法的规定,管理人具有以下职权:1. 接管破产企业。管理人自成立之日起,即接管破产企业。破产企业的原法定代表人应向管理人办理移交手续。破产企业的所有财产,均转归管理人支配。破产企业的账册、文书、资料、印章等必须移交管理人,任何人不得处置。2. 调查债务人财产状况,制作财产状况报告。3. 保管和清理破产财产。保管财产,是指维护破产财产的完好和价值。清理财产,是指对破产财产进行清查整理。其目的在于更好地保管破产财产,并为变价和分配破产财产做好前期准备工作。为确保管理人保管和清理破产财产工作的顺利进行，破产法要求破产企业的原法定代表人及有关人员，必须根据管理人的要求进行工作，协助管理人保管和清理破产财产，不得擅离职守。管理人应当组织企业留守人员或聘用必要的工作人员，对破产企业的全部财产予以清点、登记造册，以查明企业实有财产总额。4. 依法进行必要的民事活动和辅助活动。管理人有权在清算范围内进行必要的民事活动和辅助活动。例如，可以在第一次债权人会议召开之前，决定继续或者停止债务人的营业、聘任必要的工作人员、决定破产企业未履行合同的解除或继续履行、代表破产企业进行民事诉讼等。5. 决定债务人的内部管理事务；决定债务人的日常开支和其他必要开支。6. 管理和处分债务人的财产，主要是变价和分配破产财产。7. 代表债务人参加诉讼、仲裁或者其他法律程序。8. 提议召开债权人会议。9. 人民法院认为管理人应当履行的其他职责。

管理人的义务：1. 注意义务。是指要求管理人在保管、清理、变价和分配破产财产时，应以善良管理人的注意执行职务。注意义务是对管理人"称职"的要求，如果有违反，应负损害赔偿责任。2. 接受债权人的监督。管理人应列席债权人会议，如实回答债权人的提问，向债权人会议汇报工作，以接受债权人的监督。管理人对破产财产进行管理、变价和分配的，应向债权人会议提交方案或报告，由债权人会议讨论决定。3. 向法院负责并报告工作。管理人是由法院指定产生的，执行职务必须服从法院的领导，定期或者及时向法院汇报工作情况。管理人有损害债权人利益的行为或其他违法行为的，人民法院应当纠正，并可以解除不称职的管理人员，另行指定新的成员。4. 办理破产企业的注销事宜。破产财产分配完毕，管理人应及时提请人民法院终结破产程序。破产程序终结后，管理人应当向破产企业原登记机关办理破产企业注销登记，并将办理情况及时告知人民法院。

债权人会议，是指由债权人组成的代表全体债权人参加破产程序的意思表示机关。注意：债权人会议代表的是债权人的团体利益，而不是个别或部分债权人的利益；债权人会议是全体债权人的意思表示机关，即债权人会议是债权人参加破产程序的基本形式、表达意愿的场所、行使权利的机关。

债权人会议组成。我国《破产法》第59条第1款规定，依法申报债权的债权人为债权人会议的成员，有权参加债权人会议，享有表决权。债权人会议成员分为有表决权的债权人和无表决权的债权人两种。前者如无财产担保的债权人，后者如未放弃优先受偿权利的有财产担保的债权人。为了维护职工的利益，我国《破产法》第59条第1款规定："债权人会议应当有债务人的职工和工会的代表参加，对有关事项发表意见。"

债权人会议主席，是负责主持和召集债权人会议的人。根据《破产法》第60条的规定，债权人会议主席由人民法院从有表决权的债权人中指定。债权人会议主席的职权为主持和召集债权人会议。

债权人会议的召集。第一次债权人会议，各国立法一般规定由法院召集。我国《破产法》第62条规定："第一次债权人会议由人民法院召集，自债权申报期限届满之日起15日内召开。"人民法院召集第一次债权人会议时，应当宣布债权人资格审查结果，指定并宣布债权人会议主席，宣布债权人会议的职权及其他有关事项，并通报债务人的生产、经营、财产、债务的基本情况。如果有重大事由不能在法定期间或者已确定的期日召开第一次债权人会议，人民法院可以推迟会议召开的日期，但应当及时通知债务人，并发布公告。以后的债权人会议，在人民法院认为必要时，或者管理人、债权人委员会、占债权总额四分之一以上的债权人向债权人会议主席提议时召开。召开债权人会议，管理人应当提前15日将会议召开的时间、地点、内容、目的等事项通知已知的债权人。

债权人会议的决议方式。债权人会议的决议，由出席会议的有表决权的债权人过半数通过，并且其所代表的债权额占无财产担保债权总额的1/2以上。但是通过和解协议草案的决议，必须占无财产担保债权总额的2/3以上。

债权人会议决议的效力。债权人会议的决议，对全体债权人均具有法律约束力。无论债权人是否出席会议，是否享有表决权，也不论对会议决议是持肯定态度还是否定态度，只要决议一经合法通过，全体债权人均应受其约束。

重整。破产法中的重整，是指对于已濒于破产又有再生希望的债务人实施的旨在挽救其生存的积极程序。重整程序的目的不在于公平分配债务人的财产，而在于拯救那些值得拯救和能够拯救的债务人，使其摆脱困境，走向复兴。根据我国《破产法》第70条的规定，债务人、债权人或者持有债务人注册资本1/10以上的出资人，均可以在案件开始时或者在案件受理后宣告债务人破产前向人民法院申请重整。

重整计划，是指以维持债务人的继续营业，谋求债务人的复兴并清理债权债务关系为内容的协议。它类似于和解程序中的和解协议，是重整程序中最为重要的法定文件。重整计划以拯救企业和公平清偿债务为目的，由管理人或法律规定的其他机构负责制定，一般需要经债权人会议同意，并经法院批准方能生效。债务人自行管理财产和营业事务的，由债务人制作重整计划草案。管理人负责管理财产和营业事务的，由管理人制作重整计划草案。重整计划草案的制定，应当听取债权人、出资人和职工代表的意见。根据我国《破产法》第81条的规定，重整计划草案应当包括下列内容：债务人的经营方案；债权分类；债权调整方案；债权受偿方案；重整计划的执行期限；重整计划执行的监督期限；有利于债务人重整的其他方案。

重整程序的终止。根据我国《破产法》的规定，重整程序可以因下列情况终止：（1）重整程序开始至重整计划被批准前，如果债务人的经营状况和财产状况继续恶化，缺乏复兴的可能性，或者债务人有欺诈、恶意减少企业财产、无理拖延或者其他显著不利于债权人的行为，或者由于债务人的法人机关及其他工作人员的行为，致使管理人无法执行职务，经利害关系人请求，人民法院审理确认后，可以裁定终止重整程序。（2）债务人有欺诈、恶意减少债务人财产或者其他显著不利于债权人的行为。（3）由于债务人的行为致使管理人无法执行职务。（4）债务人或者管理人未按期提出重整计划草案的。（5）重整计划草案未获得通过，或者已通过的重整计划未获得批准的。

和解，是指具备破产原因的债务人，为避免破产清算而与债权人会议达成以让步方法了结债务的协议，协议经法院认可后生效的法律程序。和解程序基于债务人向法院提出申请而开始，这是各国破产立法的一致做法。根据我国《破产法》第95条的规定，债务人可以依照本法规定，直接向人民法院申请和解；也可以在人民法院受理破产申请后、宣告债务人破产前，向人民法院申请和解。债务人申请和解，应当提出和解协议草案。

人民法院经审查认为债务人提出的和解申请合法，应当裁定和解，予以公告，并召集债权人会议讨论和解协议草案。经审查认为不合法的，可以责令债务人作出相应的补正，债务人拒不补正或者经补正后仍不合法的，应当裁定驳回和解申请。和解终结的法定事由有：和解协议草案经债权人会议表决未获得通过，或者已经债权人会议通过的和解协议未获得人民法院认可；因债务人的欺诈或者其他违法行为而成立的和解协议；债务人不能执行或者不执行和解协议。

破产宣告，是指法院对已具备破产条件的债务人所作出的宣告其为破产人的司法行为。

破产宣告的效力。1. 对债务人的效力。(1)债务人成为破产人。债务人被宣告破产后，债务人称为破产人，债务人财产称为破产财产，人民法院受理破产申请时对债务人享有的债权称为破产债权。被申请破产的企业，在破产宣告前称为债务人，在破产宣告后称为破产企业。(2)债务人财产成为破产财产。破产宣告后，债务人的财产成为破产财产，由破产清算人占有、支配并用于破产分配。(3)债务人丧失对财产和事务的管理处分权。破产宣告后，债务人的财产和事务都由清算人全面接管，因此，债务人已丧失对财产和事务的管理处分权。(4)债务人的法定代表人承担与清算有关的义务。依我国现行破产法的规定，破产企业的法定代表人在破产宣告后，负有保管好破产财产、办理财产移交、随时回答询问、不得擅离职守、列席债人会议、按法院或管理人的要求进行工作等义务。2. 对债权人的效力。(1)无财产担保的债权人成为破产债权人。破产债权人非依破产程序，不得行使其对破产财产的权利。(2)有财产担保的债权人，无须征得法院的同意，即可直接通过管理人就担保物行使优先受偿的权利。(3)破产债权人所拥有的未到期债权，在减去未到期的利息后，视为已到期。(4)计息的债权，其利息计算至破产宣告之日止。(5)同时对破产企业负有债务的债权人享有破产抵消权。3. 对第三人的效力。(1)破产人占有的属于他人的财产，其权利人有权通过管理人取回。(2)破产人的债务人或者财产持有人，应当向管理人清偿债务和交付财产。(3)破产人的开户银行，应当将破产人的银行账户供管理人专用。(4)待履行合同解除或继续履行时，相对人享有相应的权利。对于破产人在破产宣告前订立但未履行或未履行完毕的双务合同，管理人有权决定解除或继续履行。如果管理人决定继续履行，应当向对方提供充分的对待给付或者提供担保，否则视为解除合同。管理人解除合同的，由此所产生的相对人的损害赔偿请求权，作为破产债权。(5)破产无效行为的受益人，应当返还其受领的利益。我国《破产法》第35条第1款规定了5种破产无效行为，对此，管理人有权追回依该行为给付的财产或其他利益。

破产财产变价，是指管理人将非金钱的破产财产，以合法的方式出让，使之转化为金钱形态的行为。破产财产变价是破产财产分配的前提。

破产财产的分配。是清算人将变价后的破产财产，依法定顺序和程序分配给债权人的过程。根据我国《破产法》第113条的规定，破产财产在优先清偿破产费用和共益债务后，依照下列顺序清偿：(一)破产人所欠职工的工资和医疗、伤残补助、抚恤费用，所欠的应当划入职工个人账户的基本养老保险、基本医疗保险费用，以及法律、行政法规规定应当支付给职工的补偿金；(二)破产人欠缴的除前项规定以外的社会保险费用和破产人所欠税款；(三)普通破产债权。破产财产不足以清偿同一顺序的清偿要求的，按照比例分配。破产企业的董事、监事和高级管理人员的工资按照该企业职工的平均工资计算。

破产财产分配方案。破产财产分配方案由破产管理人制备。其主要内容包括：(1)参加破产财产分配的债权人姓名(名称)、住所；(2)参加分配的债权额；(3)可供分配的财产数额；(4)破产财产分配的顺序、比例及数额；(5)实施破产财产分配的方法。由于破产财产分配与债权人的利益密切相关，因此，管理人制作破产财产分配方案后，应提交债权人会议讨论通过。债权人会议通过破产财产分配方案的决议，由出席会议的有表决权的债权人的过半数通过，并且其所代表的债权额必须占无财产担保债权总额的半数以上。经债权人会议通过的破产财产分配方案，必须报请人民法院裁定后才能执行。

破产程序的终结，是指在破产程序进行中因法定事由的发生，由法院裁定结束破产程序。

破产程序终结的法定事由。根据我国破产法的规定，破产程序终结的法定事由有三个：(1)企业经过整顿，能够按照和解协议清偿债务的；(2)企业财产不足以支付破产费用的；(3)破产财产分配完毕。

◎ 相关法律规定

《中华人民共和国破产法》

第二条 企业法人不能清偿到期债务，并且资产不足以清偿全部债务或者明显缺乏清偿能力的，依照本法规定清理债务。

企业法人有前款规定情形，或者有明显丧失清偿能力可能的，可以依照本法规定进行重整。

第三条 破产案件由债务人住所地人民法院管辖。

第七条 债务人有本法第二条规定的情形，可以向人民法院提出重整、和解或者破产清算申请。

债务人不能清偿到期债务，债权人可以向人民法院提出对债务人进行重整或者破产清算的申请。

企业法人已解散但未清算或者未清算完毕，资产不足以清偿债务的，依法负有清算责任的人应当向人民法院申请破产清算。

第八条 向人民法院提出破产申请，应当提交破产申请书和有关证据。

破产申请书应当载明下列事项：

(一)申请人、被申请人的基本情况；

(二)申请目的；

(三)申请的事实和理由；

(四)人民法院认为应当载明的其他事项。

债务人提出申请的，还应当向人民法院提交财产状况说明、债务清册、债权清册、有关财务会计报告、职工安置预案以及职工工资的支付和社会保险费用的缴纳情况。

第十条 债权人提出破产申请的，人民法院应当自收到申请之日起五日内通知债务人。债务人对申请有异议的，应当自收到人民法院的通知之日起七日内向人民法院提出。人民法院应当自异议期满之日起十日内裁定是否受理。

除前款规定的情形外，人民法院应当自收到破产申请之日起十五日内裁定是否受理。

有特殊情况需要延长前两款规定的裁定受理期限的，经上一级人民法院批准，可以延长十五日。

第十三条 人民法院裁定受理破产申请的，应当同时指定管理人。

第十四条 人民法院应当自裁定受理破产申请之日起二十五日内通知已知债权人，并予以公告。

通知和公告应当载明下列事项：

（一）申请人、被申请人的名称或者姓名；

（二）人民法院受理破产申请的时间；

（三）申报债权的期限、地点和注意事项；

（四）管理人的名称或者姓名及其处理事务的地址；

（五）债务人的债务人或者财产持有人应当向管理人清偿债务或者交付财产的要求；

（六）第一次债权人会议召开的时间和地点；

（七）人民法院认为应当通知和公告的其他事项。

第二十二条 管理人由人民法院指定。

债权人会议认为管理人不能依法、公正执行职务或者有其他不能胜任职务情形的，可以申请人民法院予以更换。解释2.23条

指定管理人和确定管理人报酬的办法，由最高人民法院规定。

第二十三条 管理人依照本法规定执行职务，向人民法院报告工作，并接受债权人会议和债权人委员会的监督。

管理人应当列席债权人会议，向债权人会议报告职务执行情况，并回答询问。

第四十五条 人民法院受理破产申请后，应当确定债权人申报债权的期限。债权申报期限自人民法院发布受理破产申请公告之日起计算，最短不得少于三十日，最长不得超过三个月。

第五十九条 依法申报债权的债权人为债权人会议的成员，有权参加债权人会议，享有表决权。

债权尚未确定的债权人，除人民法院能够为其行使表决权而临时确定债权额的外，不得行使表决权。

对债务人的特定财产享有担保权的债权人，未放弃优先受偿权利的，对于本法第六十一条第一款第七项、第十项规定的事项不享有表决权。

债权人可以委托代理人出席债权人会议，行使表决权。代理人出席债权人会议，应当向人民法院或者债权人会议主席提交债权人的授权委托书。

债权人会议应当有债务人的职工和工会的代表参加，对有关事项发表意见。

第六十条 债权人会议设主席一人，由人民法院从有表决权的债权人中指定。

债权人会议主席主持债权人会议。

第六十一条 债权人会议行使下列职权：

（一）核查债权；

（二）申请人民法院更换管理人，审查管理人的费用和报酬；

（三）监督管理人；

(四)选任和更换债权人委员会成员;

(五)决定继续或者停止债务人的营业;

(六)通过重整计划;

(七)通过和解协议;

(八)通过债务人财产的管理方案;

(九)通过破产财产的变价方案;

(十)通过破产财产的分配方案;

(十一)人民法院认为应当由债权人会议行使的其他职权。

债权人会议应当对所议事项的决议作成会议记录。

第七十条 债务人或者债权人可以依照本法规定,直接向人民法院申请对债务人进行重整。

债权人申请对债务人进行破产清算的,在人民法院受理破产申请后、宣告债务人破产前,债务人或者出资额占债务人注册资本十分之一以上的出资人,可以向人民法院申请重整。

第七十一条 人民法院经审查认为重整申请符合本法规定的,应当裁定债务人重整,并予以公告。

第九十五条 债务人可以依照本法规定,直接向人民法院申请和解;也可以在人民法院受理破产申请后、宣告债务人破产前,向人民法院申请和解。

债务人申请和解,应当提出和解协议草案。

第一百零七条 人民法院依照本法规定宣告债务人破产的,应当自裁定作出之日起五日内送达债务人和管理人,自裁定作出之日起十日内通知已知债权人,并予以公告。

债务人被宣告破产后,债务人称为破产人,债务人财产称为破产财产,人民法院受理破产申请时对债务人享有的债权称为破产债权。

第一百零八条 破产宣告前,有下列情形之一的,人民法院应当裁定终结破产程序,并予以公告:

(一)第三人为债务人提供足额担保或者为债务人清偿全部到期债务的;

(二)债务人已清偿全部到期债务的。

第一百一十三条 破产财产在优先清偿破产费用和共益债务后,依照下列顺序清偿:

(一)破产人所欠职工的工资和医疗、伤残补助、抚恤费用,所欠的应当划入职工个人账户的基本养老保险、基本医疗保险费用,以及法律、行政法规规定应当支付给职工的补偿金;

(二)破产人欠缴的除前项规定以外的社会保险费用和破产人所欠税款;

(三)普通破产债权。

破产财产不足以清偿同一顺序的清偿要求的,按照比例分配。

破产企业的董事、监事和高级管理人员的工资按照该企业职工的平均工资计算。

第一百二十条 破产人无财产可供分配的,管理人应当请求人民法院裁定终结破产程序。

管理人在最后分配完结后,应当及时向人民法院提交破产财产分配报告,并提请人民法院裁定终结破产程序。

人民法院应当自收到管理人终结破产程序的请求之日起十五日内作出是否终结破产程序的裁定。裁定终结的，应当予以公告。

第一百二十一条 管理人应当自破产程序终结之日起十日内，持人民法院终结破产程序的裁定，向破产人的原登记机关办理注销登记。

◎ 实训目标

通过实际操作练习，使学生能够依照我国破产法的相关程序规定把具体案件的破产流程梳理清楚，从而熟悉、掌握破产法在实务中的运用。

◎ 实训要求

1. 学生回顾破产法中关于程序规范的有关内容，自由结合分组、讨论、分析案件。

2. 学生通过分组讨论案例，分析案例具体应该如何适用破产法一步步解决的？具体引用了哪些法条处理？小组最终归纳、整理出案件整个流程。

3. 对照新、旧破产法，思考本案处理会有哪些不同？

◎ 实训材料

材料一

湖州市木材总公司系在湖州市工商行政管理局核准登记之企业，因经营管理不善，造成严重亏损，不能清偿到期债务，经其上级主管部门湖州总公司同意，于 2000 年 7 月 6 日向湖州市城郊人民法院申请宣告破产。后移送到市中院，经审理查明，申请人公司主要经营木材及其制品和人造板业务。现有在职职工 40 人，离退休人员 27 人，精简遗属 2 人。该企业由于经营管理不善，内部管理混乱，加之决策失误，致连年亏损。经审计，截至 2000 年 6 月底，企业资产总额为人民币 7304176.35 元，负责总额人民币 204709100.35 元，资产负债率达 170.74%，已严重资不抵债。

湖州中院认为，申请人公司因经营管理不善而致严重亏损，已不能清偿到期债务。依照《中华人民共和国企业破产法（试行）》第三条第一款之规定，于 2000 年 11 月 1 日作出 (2000) 湖终破字第 4—1 号裁定，宣告申请人公司破产，裁定送达后立即生效。

后续裁定：

湖终破字第 4—2 号裁定

本院受理公司破产一案，已于 2000 年 11 月 16 日在《浙江法制报》发布了公告，并向已知债权人发出书面通知。在公告和通知规定的债权申报期限内，向本院申报债权的单位计 20 家。依照《中华人民共和国企业破产法（试行）》及有关法律规定，经审查，裁定如下：

确认以下申报人有债权人资格：

1. 湖州市地方税务局城区分局；

2. 交通银行湖州支行；

3. 中国建设银行湖州市分行；

4. 湖州商业银行;

5. 湖州商业银行南园支行;

6. 中国工商银行湖州市分行;

7. 湖州市机床厂有限公司;

8. 湖州市物资总公司;

9. 湖州市房地产物业管理公司;

10. 湖州市公司;

11. 湖州市化工轻工建筑材料总公司;

20. 中国农业银行湖州市分行;

本裁定送达后立即生效。

审判长：熊健

审判员：付忠来

代理审判员：孙健舍

二〇〇一年二月十六日

书记员：沈国祥

木材公司破产清算报告

公司由于严重资不抵债,不能偿还到期债务,经企业申请,市中级人民法院于2000年11月1日依法裁定宣告破产,指定成立木材公司破产清算组。

一、清算工作基本情况

清算组由市财税、土管、工商、劳动、人行和物资等部门组成。在市中级人民法院经济庭(以下简称法院)领导下,清算组制定了清算工作方案,接管了公司的所有财产、帐册、法律文书、资料和公章,封存了公司的银行帐户,开设了破产清算组帐户,指定有关人员留守协助清算工作,全面开展了破产清算工作。

2000年11月3日,在法院主持下召开第一次清算组会议,专题研究清算工作步骤,宣布有关纪律等。法院在2000年11月16日的《浙江法制报》上刊登企业破产公告,通知未知的债权人申报债权。从2000年11月21日开始,向已知债权人发送申报债权通知书11份。截至2001年2月21日,申报债权11家(其中债权人为银行的6家),债权总额13854559.87元;向债务人发出清偿债务通知书23份,截至2001年2月收到回函7份,其中提出异议的6家,对此,清算组和债务人进行了核对,但因破产企业财务管理混乱,对外应收款尽管在帐上有反映,但却无证据证实欠款的存在,无法交付法院裁定并申请执行;对于债权债务明确的,清算组已组织人员进行了催讨。

二、公司基本概况及破产原因

(一)企业基本概况

公司前身是嘉兴公司和批发部,始建于50年代,1984年撤地建市时组建为市总公司。该企业在计划经济时期曾发挥主渠道作用,木材市场放开后,受主客观因素影响,经营业务萎缩,效益大幅滑坡,企业连年亏损且入不敷出,直至严重资不抵债。

该企业破产前在职职工38人,离退休人员31人。企业小、人员多、负担重。经湖州市恒生会计师事务所审计,截至2000年6月21日,木材公司资产总额730.42万元,其中流动资产 411.49 万元。固定资产原值 408.30 万元，其中土地 139.02 万元。固定资产净值 267.93 万元；长期投资 51 万元；负债总额 2047.10 万元，其中流动负债 2047.47 万元，长期负债-0.37 万元；所有者权益-516.68 万元，其中实收资本 277.88 万元，资本公积 202.24 万元，盈余公积 135.41 万元，未分配利润 -1132.21 万元。资产负债率 170.74%。企业严重亏损，主要有以下方面原因：一是由于长期受计划经济影响，思想观念滞后，经营模式陈旧，竞争意识和风险防范意识不强，经营方式粗放，市场开拓不力，内部管理和经营机制跟不上市场经济形势的发展和变化。二是经营指导思想上失误，长期高负债经营，企业每年经营收入 150 到 1100 万元，而每年支付的利息在 150 万元以上。陷入困境后又高息揽集职工资金 200 多万元，更使企业雪上加霜、积重难返。三是经营决策失误，致使企业陷入倾覆困境。如 1994 年与省公司联营进口的 10000 余方柳桉空洞木，到货后市场行情剧变，当时未随行就市及时采取措施，主观上还存在着等待行情好转的侥幸心理，不料行情一跌再跌，导致货物积压和腐烂，亏损 400 余万元；1992 年联营投资于原镇西木器厂的 32 万余元至今无法收回；投入公司所属南浔供应站 50 万元，实际亏损 40 余万元；1998 年初又由于对市场行情预测不准，三病例板经营亏损 100 多万元。四是企业历史长，离退休人员比例过大，人员负担过重，仅医药费一项支出最高的一年达 40 多万元。

三、木材公司对外债权

至法院宣告破产之日止，公司对外债权共有 35 户，金额 2684902.32 元。清算组调整增加 1 户，计 32700 元(商品已发了，票未开，收货单位为湖州新港家具厂)，调整后为 36 户，金额 27176902.32 元。至 2001 年 2 月 15 日止，有关债权情况说明如下：

1. 已清收 1 户，金额 3000 元：退回中保寿险，扣除手续费 750 元，实际退回 2250 元。

2. 属于宣告破产前费用或亏损挂账未作处理 13 户，金额 1311511.40 元，其中包括空洞木经营亏损挂账 54.77 万元，胶合板经营亏损及税务稽查罚款 19.86 万元，投次供应站亏损 40.27 万元，公司已核销原应付账款 907.10 元等。

3. 债务人已破产、关闭、注销和账上有反映，但无证据证实欠款，无法交付法院裁定并申请执行 11 户，金额 870427.68 元。

4. 债务人仍存在，无偿还能力 8 户，金额 432768.51 元。

5. 债权债务明确的 3 户，金额 99394.73 元。湖州鸿发装饰材料厂 73981.92 元，何海文 16101.22 元，南浔川森红木家具公司 9311.59 元，正向法院申请强制执行。

四、公司对外债务

2001 年 11 月 3 日宣告破产后，在法定有效期内申报债权的共有 11 家，申报债权金额 13869661.66 元，经核对为 11 家，债权金额 13854559.87 元(见《债权登记汇总表》)。

五、其他负债

欠发 2000 年 7 至 11 月 5 个月职工工资，计 82381.85 元。

六、破产财产及其处理

1. 破产财产范围：

①期初现金(含银行存款)31894.08 元；

②追回应收款 2750 元;

③其他收入(房租、存款利息)13809.85 元;

④丰田 KM 至诚 LG-JR 七座旧施行车一辆,拍卖所得 172868 元。

上述各项合计人民币 221001.93 元。

2. 清算费用支出 75629.94 元,其中:

①聘请清算人员费用 24200 元;

②审计评估拍卖费 22887 元(审计费 5000 元,评估费 1000 元,拍卖费 17287 元);

③公告费 800 元;

④差旅费 1498.24 元;

⑤办公费 8000 元;

⑥修理费 6500 元(车辆拍卖前修理费);

⑦申请执行费 10000 元;

⑧其他 4944.70 元。

3. 尚需支付欠发职工工资款 82381.85 元,应交法院破产案件诉讼费 80000 元,合计 162381.85 元。

根据上述情况,破产财产 221001.93 元,破产费用 155629.94 元,应付职工工资 82381.85 元。公司已无资产可供其他债权分配。特提请法院依法裁定终结破产程序并予以公告,在清算组办理注销手续后,解散清算组。

湖州市木材总公司破产清算组

组长:胡伟

2001 年 3 月 8 日

材料二

第一次债权人会议议程(法院主持)

一、宣布债权人会议须知和纪律;

二、宣读本院(2000)湖经破字第 1-1 号裁定,宣告湖州市城区长城宾馆破产;

三、通报债务人的生产、经营、财产、债务等基本情况及案件审理的有关情况;

四、指定并宣布债权人会议主席。

二〇〇〇年九月五日

第二次债权人会议议程(会议主席主持)

主持人:债权人会议主席

一、审查和确认债权数额及有无财产担保;

1. 由清算组逐一宣布债权申报情况和审查结果;

2. 会议讨论确认债权审查结果,并进行表决;

3. 会议主席宣布表决结果,即宣读债权人会议决议。

二、会议主席宣布下次债权人会议时间、地点。

二〇〇〇年九月五日

债权人会议纪律

（2000）湖经破字第 1 号

为保障破产程序和人民法院审判活动的正常进行，现宣布债权人会议纪律如下：

一、债权人会议是债权人依人民法院的通知或公告而组成的代表债权人共同意思、行使债权人合法权益的临时性机构。第十一次债权人会议由人民法院主持，以后的债权人会议由会议主席主持。但每次会议都必须服从人民法院的安排和指挥。

二、一个债权人员能委托一名代表出席会议，凭法定代表人身份证证明或委托代理手续领取出席证进行会场。随行人员在会场条件许可的情况下，在后排旁听。

三、出席会议的债权人代表及旁听者，须严格遵守会议纪律，自觉维护会场秩序，不得喧哗、鼓掌、哄闹、走动以及实施其他妨害会议秩序的行为；不得拍照、录音、录像；债权人代表应按会议确定的议题进行发言、讨论、表决，发言须经会议主持人许可，非债权人代表无发言权，不得发言、提问。

四、新闻记者旁听应遵守会议纪律，经法院许可方可拍照、录音、录像。

五、出席会议的代表非经审判长或会议主席许可退出会场的，视为自动放弃权利，取消其债权人资格。

六、对违反会议纪律的人，可以当场驱逐出会场，也可当场没收录音、录像及拍摄器材，对借有使权利为名哄闹、冲击会场等严重扰乱会议秩序的人，将依法予以罚款、拘留、直至追究刑事责任。

二〇〇〇年九月五日

破产案件债权人会议须知

一、债权人会议职权：

根据《中华人民共和国企业破产法（试行）》第十五条之规定，债权人会议的职权是：

1. 审查是有关债权的证明材料，确认债权有无财产担保及其数额；

2. 讨论通过和解协议草案；

3. 讨论通过破产财产处理及分配方案。

二、注意事项：

1. 根据《中华人民共和国企业破产法（试行）》的规定，第一次债权人会议由本院主持召集，以后的会议由会议主席主持。会议何时召开，由人民法院或会议主席确定，也可以在清算组或者占无财产担保债权额的四分之一以上债权人要求时召开。

2. 债权人可以委托代理人出席债权人会议，行使表决权，但应向法院或会议主席提交由委托人签名盖章的授权委托书。

3. 债权人会议的决议，由出席会议的有表决权的债权人过半数通过，并且其所代表的债权额，须占无财产担保债权总额的半数以上。

4. 清算组提出的破产财产分配方案，经债权人会议多次讨论未果的，人民法院将根据具体案情依法作出裁定。

5. 债权人会议的决议，对全体债权人均有约束力。债权人认为债权人会议决议违反法律规定的，可在债权人会议作出决议后七日内书面提请人民法院裁定。

二〇〇〇年九月五日

◎ 要点指导

1. 学生要对案件基本案情进行归纳，理清基本法律关系，逐步逐项进行分析讨论（参考：案件事实归纳概括、法律关系归纳分析、证据材料归纳分析、案件处理法律分析、案件结果分析）。

2. 破产法在很大程度上是对破产程序进行规定，理清案件事实，根据不同情况适用破产法程序加以解决。

◎ 破产法模块实训项目二

破产原因与破产申请

◎ 相关法律知识

破产原因

破产原因，是指法院据以宣告债务破产的特定法律事实。破产原因是开始破产程序和宣告破产的必要条件之一。因为其是划分是否破产的界限，故又可以称为破产界限。现代各国基本上都是采取概括主义，即以债务人不能清偿到期债务作为惟一的破产原因。所谓不能清偿到期债务，是指债务人以其财产、信用及劳动技能等客观上不能偿还已届清偿期的债务。构成不能清偿到期债务，必须符合以下条件：（1）债务人缺乏清偿能力。缺乏清偿能力并非仅指债务人的财产而言，债务人的信用、知识财产等亦应加以考虑。（2）不能清偿是一种客观的、持续的状态。（3）不能清偿的债务须为到期债务。停止支付，是指债务人向债权人明示或默示地表示不能清偿到期债务的行为。

根据我国《破产法》第2条第1款的规定："企业法人不能清偿到期债务，并且资产不足以清偿全部债务或者明显缺乏清偿能力的，依照本法规定清理债务。"

破产申请，是指破产申请人请求人民法院受理破产案件的意思表示。根据我国法律的规定，破产程序的开始不以申请为准而以受理为准。破产申请分为债权人申请、债务人申请和其他责任人申请。所谓其他责任人，按照我国《破产法》第7条第3款的规定，是指企业法人已解散但未清算或者未清算完毕，资产不足以清偿债务的，依法负有清算责任的人应当向人民法院申请破产清算。无论是谁提出破产申请，都应当采用书面形式。申请人除递交书面申请外，还应依照法律的要求提交有关证明材料。破产申请书应当载明下列事项：申请人、被申请人的基本情况；申请目的；申请的事实和理由；人民法院认为应当载明的其他事项。债务人提出申请的，还应当向人民法院提交财产状况说明、债务清册、债权清册、有关财务会计报告、职工安置预案以及职工工资的支付和社会保险费用的缴纳情况。

破产申请相关程序

债权人提出破产申请的，人民法院应当自收到申请之日起五日内通知债务人。债务人对申请有异议的，应当自收到人民法院的通知之日起7日内向人民法院提出。人民法院应当自异议期满之日起10日内裁定是否受理。人民法院受理破产申请的，应当自裁定作出之日起 5 日内送达申请人。债权人提出申请的，人民法院应当自裁定作出之日起五日内送达债务人。债务人应当自裁定送达之日起 15 日内，向人民法院提交财产状况说明、债务清册、债权清册、有关财务会计报告以及职工工资的支付和社会保险费用的缴纳情况人民法院裁定不受理破产申请的，应当自裁定作出之日起五日内送达申请人并说明理由。申请人对裁定不服的，可以自裁定送达之日起 10 日内向上一级人民法院提起上诉。人民法院受理破产申请后至破产宣告前，经审查发现债务人不符合本法第二条规定情形的，可以裁定驳回申请。申请人对裁定不服的，可以自裁定送达之日起 10 日内向上一级人民法院提起上诉。

破产案件的管辖

破产案件的管辖分为地域管辖和级别管辖：

地域管辖。依企业破产法的规定，企业破产案件由债务人所在地人民法院管辖。债务人所在地，是指企业主要办事机构所在地。债务人无办事机构的，由注册地人民法院管辖。

级别管辖。依最高人民法院《关于审理企业破产案件若干问题的规定》的规定，县、县级市或区的市场监督管理机关核准登记企业的破产案件，由基层人民法院管辖；地区、地级市（含本级）以上市场监督管理机关核准登记企业的破产案件，由中级人民法院管辖；纳入国家计划调整的企业破产案件，由中级人民法院管辖；上级人民法院审理下级人民法院管辖的破产案件，或者将本院管辖的破产案件移交下级人民法院审理，以及下级人民法院需要将自己管辖的破产案件交由上级人民法院审理的，依照《民事诉讼法》第 39 条的规定办理。

破产案件的受理

破产案件的受理，又称立案，是指法院经审查认为破产申请符合法定条件而予以接受，并因此开始破产程序的司法行为。破产案件的受理是破产程序开始的标志。法院在受理破产申请前，应当对破产申请进行形式审查和实质审查。

形式审查，是指判断破产申请是否具备法律规定的破产申请形式要件的工作程序。其审查的主要事项包括申请人是否有申请权、人民法院是否有管辖权、申请材料是否符合法律规定等。

实质审查，是指判断破产申请是否具备法律规定的破产申请实质要件的工作程序。实质审查主要是审查债务人是否具有破产能力和破产原因。经审查，法院认为破产申请符合破产法规定的形式要件和实质要件的，应以裁定的形式受理破产申请，并及时通知债务人和破产申请人。反之，经审查认为不符合破产法规定的要件的，应以裁定的形式驳回申请，并向破产申请人说明理由。人民法院一般应当自收到破产申请之日起 15 日内裁定是否受理。

◎ 实训目标

通过实际案例操作训练，让学生回顾掌握破产原因与破产程序启动相关知识点，能运用这些理论分析、解决具体问题。

◎ **实训要求**

1. 学生回顾破产法中关于破产原因以及破产申请的有关知识,自由结合分组讨论、分析案情。

2. 学生通过分组讨论案例,分析案例是否符合破产法所规定的破产程序启动情形?具备哪些破产原因?应该依据破产法哪些条款处理?小组形成最终处理意见。

3. 分组拟写破产申请书(可以选择债权人或债务人身份)。

◎ **实训材料**

1. 案件同上。

2. 破产申请书范本。

破产申请书

申请人:某市××××有限公司,住所地某市××××路185号。

法定代表人:×××,总经理。

委托代理人:某某某,某律师。

请求事项:申请某市××××有限公司破产。

事实与理由:申请人系一家××××有限责任公司, 年 月在××××市场监督管理局登记注册,注册资本为 万元人民币,主要经营范围是××××。

申请人因经营不善,到目前为止,已严重资不抵债。截至 年 月 日,申请人账面资产总额为 元,负债总额为 元。在公司的应付帐款或借款中,绝大部分为到期债务,包括××××银行某分行的贷款 万元,公司已连续很长时间无法偿还。

以上情况有申请人公司财务审计报告、债务清册、债权清册、资产清册可以证明。根据《破产法》第 条之规定,特向贵院提出破产申请,请求依法裁定申请人破产还债。

此致

××××人民法院

申申请人(盖章):

年   年 月 日

◎ **要点指导**

1. 破产原因的具备是破产程序启动的前提条件,是否具备破产原因需要同学们对具体案件进行细致剖析,对照破产法规定来做出正确判断。

2. 破产程序启动由当事人提出申请,案件不同、当事人根据自己的利益考虑提出的诉求也会有所不同,需要针对不同案情加以斟酌。

◎ **课后讨论案例**

江阴市宏伟机械有限责任公司是在江阴市工商行政管理局登记的国有企业。由于经营管理不善,江阴市宏伟机械有限责任公司不能清偿到期债务,公司法定代表人吴独落决定公司破产。2009年5月26日,吴独落向公司所在区人民法院申请宣告破产。法院经审查后立案受理。后，法院召集并主持了债权人会议。江阴市宏伟机械有限责任公司最大的债权人是江阴市某食品公司。江阴市某食品公司享有 20 万元有财产担保的债权。江阴市宏伟机械有限责任公司第二大债权人是杉南市咏顺贸易公司，江阴市宏伟机械有限责任公司欠杉南市咏顺贸易公司 15 万元。法院指定江阴市某食品公司担任债权人会议主席。经过一段时间的审理，法院作出裁定宣告江阴市宏伟机械有限责任公司破产，由其上级主管部门接管，进行清算活动。

◎ 问题：

请依据破产法指出本案中存在的错误之处。

◎ 破产法模块实训项目三

破产清算

◎ 相关法律基本知识

破产财产

破产财产，又被称为债务人财产，根据我国破产法第 30 条的规定，破产申请受理时属于债务人的全部财产，以及破产申请受理后至破产程序终结前债务人取得的财产，为债务人财产。我国现行破产法规定的破产财产的范围，由以下三部分组成：

1. 宣告破产时破产企业所有的或者经营管理的全部财产。大体可以分为四类：（1）有形财产；（2）无形财产；（3）货币和有价证券；（4）投资权益。

2. 破产企业在破产宣告后至破产程序终结前所取得的财产。主要包括：（1）因破产企业的债务人清偿债务而取得的财产；（2）因清算组决定继续履行破产企业未履行的合同所取得的财产；（3）因破产宣告前的投资行为而取得的收益；（4）因破产财产所产生的孳息；（5）因继续破产企业的营业所取得的财产；（6）因其他原因而合法取得的财产，如接受赠与、遗赠等所取得的财产。

3. 应当由破产企业行使的其他财产权利。所谓其他财产权利，是指以上所列财产之外具有金钱价值的请求权。主要包括：（1）应当由破产企业行使的合同债权；（2）应当由破产企业行使的非合同债权；（3）应当由破产企业行使的票据权利；（4）应当由破产企业行使的股东权；（5）应当由破产企业行使的其他财产请求权。

破产财产的管理

破产财产的管理，是指破产管理人接管、收集、清理和保管破产财产的活动。接管，是指将破产财产全面置于管理人的掌管之下。未经管理人同意，任何人不得管理和处分破产财产；收集，是指管理人通过行使否认权、请求清偿债务或交付财产、依法解除未履行合同中的财产义务等手段，收回为第三人占有的破产财产；清理，是指管理人对所接管和收集的破产财产予以清点和核实。清理时，管理人应将破产财产诸项登记造册，记明破产财产的种类、原价值、估价、坐落地点等；保管，是指维持破产财产的完好和价值。管理人管理破产财产的目的在于维护破产财产的完整性，使其免受毁损、灭失。

破产财产的变价

破产财产变价，是指管理人将非金钱的破产财产，以合法的方式出让，使之转化为金钱形态的行为。由于各国破产法对破产财产分配均以金钱分配为原则，以实物分配为例外，我国破产法亦是如此。所以，破产财产变价也就成为破产财产分配的前提。

破产财产变价的方法主要包括：(1)破产财产的估价。破产财产在变价前有必要进行估价的，应当由具有合法资格的评估机构或评估师进行估价。(2)破产财产变价方案。破产管理人应当适时准备破产财产变价方案，并提交债权人会议讨论。债权人会议讨论通过破产财产的变价方案，在报请法院裁定后执行。(3)公开变卖原则。我国《破产法》第112条规定，变价出售破产财产应当通过拍卖进行。但是，债权人会议另有决议的除外。破产企业可以全部或者部分变价出售。企业变价出售时，可以将其中的无形资产和其他财产单独变价出售。按照国家规定不能拍卖或者限制转让的财产，应当按照国家规定的方式处理。

破产财产的分配

破产财产的分配，是指管理人将变价后的破产财产，依法定顺序和程序分配给债权人的过程。根据我国《破产法》第113条的规定，破产财产在优先清偿破产费用和共益债务后，依照下列顺序清偿：(一)破产人所欠职工的工资和医疗、伤残补助、抚恤费用，所欠的应当划入职工个人账户的基本养老保险、基本医疗保险费用，以及法律、行政法规规定应当支付给职工的补偿金；(二)破产人欠缴的除前项规定以外的社会保险费用和破产人所欠税款；(三)普通破产债权。破产财产不足以清偿同一顺序的清偿要求的，按照比例分配。破产企业的董事、监事和高级管理人员的工资按照该企业职工的平均工资计算。

债权人会议通过破产财产分配方案的决议，由出席会议的有表决权的债权人的过半数通过，并且其所代表的债权额必须占无财产担保债权总额的半数以上。经债权人会议通过的破产财产分配方案，必须报请人民法院裁定后才能执行。

破产费用，是指破产程序开始后，为破产程序的顺利进行以及破产财产的管理、变价和分配而发生的费用。简言之，就是为全体债权人的共同利益所支出的费用。共益债务，是为全体债权人的共同利益而负担的债务。关于破产费用和共益债务的清偿，各国立法规定的一般原则是：由破产财产随时支付。

◎ 相关法律规定

《中华人民共和国破产法》

第三十条　破产申请受理时属于债务人的全部财产，以及破产申请受理后至破产程序终结前债务人取得的财产，为债务人财产。

第三十一条　人民法院受理破产申请前一年内，涉及债务人财产的下列行为，管理人有权请求人民法院予以撤销：

(一)无偿转让财产的；

(二)以明显不合理的价格进行交易的；

(三)对没有财产担保的债务提供财产担保的；

（四）对未到期的债务提前清偿的；

（五）放弃债权的。到期未及时行使权利而过时效的，解释 2.19 条。

第三十二条 人民法院受理破产申请前六个月内，债务人有本法第二条第一款规定的情形，仍对个别债权人进行清偿的，管理人有权请求人民法院予以撤销。但是，个别清偿使债务人财产受益的除外。

第三十三条 涉及债务人财产的下列行为无效：

（一）为逃避债务而隐匿、转移财产的；

（二）虚构债务或者承认不真实的债务的。

第四十一条 人民法院受理破产申请后发生的下列费用，为破产费用：

（一）破产案件的诉讼费用；

（二）管理、变价和分配债务人财产的费用；

（三）管理人执行职务的费用、报酬和聘用工作人员的费用。

第四十二条 人民法院受理破产申请后发生的下列债务，为共益债务：

（一）因管理人或者债务人请求对方当事人履行双方均未履行完毕的合同所产生的债务；

（二）债务人财产受无因管理所产生的债务；

（三）因债务人不当得利所产生的债务；

（四）为债务人继续营业而应支付的劳动报酬和社会保险费用以及由此产生的其他债务；

（五）管理人或者相关人员执行职务致人损害所产生的债务；

（六）债务人财产致人损害所产生的债务。

第四十三条 破产费用和共益债务由债务人财产随时清偿。

债务人财产不足以清偿所有破产费用和共益债务的，先行清偿破产费用。

债务人财产不足以清偿所有破产费用或者共益债务的，按照比例清偿。

债务人财产不足以清偿破产费用的，管理人应当提请人民法院终结破产程序。人民法院应当自收到请求之日起十五日内裁定终结破产程序，并予以公告。

第一百一十一条 管理人应当及时拟订破产财产变价方案，提交债权人会议讨论。

管理人应当按照债权人会议通过的或者人民法院依照本法第六十五条第一款规定裁定的破产财产变价方案，适时变价出售破产财产。

第一百一十三条 破产财产在优先清偿破产费用和共益债务后，依照下列顺序清偿：

（一）破产人所欠职工的工资和医疗、伤残补助、抚恤费用，所欠的应当划入职工个人账户的基本养老保险、基本医疗保险费用，以及法律、行政法规规定应当支付给职工的补偿金；

（二）破产人欠缴的除前项规定以外的社会保险费用和破产人所欠税款；

（三）普通破产债权。

破产财产不足以清偿同一顺序的清偿要求的，按照比例分配。

破产企业的董事、监事和高级管理人员的工资按照该企业职工的平均工资计算。

第一百一十五条 管理人应当及时拟订破产财产分配方案，提交债权人会议讨论。

破产财产分配方案应当载明下列事项：

(一)参加破产财产分配的债权人名称或者姓名、住所；

(二)参加破产财产分配的债权额；

(三)可供分配的破产财产数额；

(四)破产财产分配的顺序、比例及数额；

(五)实施破产财产分配的方法。

债权人会议通过破产财产分配方案后，由管理人将该方案提请人民法院裁定认可。

第一百一十六条　破产财产分配方案经人民法院裁定认可后，由管理人执行。

第一百二十条　破产人无财产可供分配的，管理人应当请求人民法院裁定终结破产程序。

管理人在最后分配完结后，应当及时向人民法院提交破产财产分配报告，并提请人民法院裁定终结破产程序。

人民法院应当自收到管理人终结破产程序的请求之日起十五日内作出是否终结破产程序的裁定。裁定终结的，应当予以公告。

第一百二十一条　管理人应当自破产程序终结之日起十日内，持人民法院终结破产程序的裁定，向破产人的原登记机关办理注销登记。

第一百二十二条　管理人于办理注销登记完毕的次日终止执行职务。但是，存在诉讼或者仲裁未决情况的除外。

◎ 实训目标

通过实际操作练习，使学生能够依照我国破产法的相关规定对具体案件模拟进行破产清算，从而了解、熟悉破产法清算事务。

◎ 实训要求

1. 学生回顾破产法中破产清算程序的有关内容，分组讨论、分析案件。

2. 学生通过分组讨论案例，分析案例应该如何适用破产法规定进行破产清算，具体如何界定破产财产。小组最终归纳、整理出财产清算处理意见。

◎ 实训材料

1. 案例同上。

2. 甲公司破产进入清算程序，其财产状况如下：欠职工 A 工资及基本医疗保险费总额 12 万元；欠职工 B 伤残补助费 6 万元；欠已故职工 D 的家属抚恤费 6 万元；欠国税 10 万元；欠地税 9 万元；欠乙公司破产财产估价费 2 万元；诉讼费用 1000 元；欠丙公司货款 5 万元；欠银行有担保贷款 70 万元(以其固定资产抵押，价值 30 万元)；因破产管理人执行职务致 E 受伤，医药费等共 5 万元；欠职工 F 工资、基本医疗及养老保险费用共计 5 万元，失业保险费用 2 万元，工伤保险费用 5 万元。在破产程序中管理人依法应如何偿还甲公司所欠的债务？

◎ 要点指导

1. 破产清算是破产程序的关键工作，如何做到合法、合理、公平，需要对案件债权、债务进行全面梳理，分析讨论从而依据相关的法律规定进行处理。

2. 破产债权、破产债务如何界定在破产法中都有具体规定，要针对具体案件情形仔细加以甄别。

◎ 拓展思考

1. 思考破产债权的范围与例外。
2. 思考破产债权的清偿顺序。
3. 破产法规定的特殊取回权有哪些？
4. 行使别除权应具备哪些条件？
5. 思考破产法上的撤销权与民法上的撤销权的区别。

模块四　票据法模块

实训项目一　出票与背书

◎ **相关法律知识**

票据是指由出票人签发的、约定由自己或委托他人于见票时或确定的日期，向持票人或收款人无条件支付一定金额的有价证券。我国票据法上的票据仅指汇票、本票和支票。其中，本票仅指银行本票，支票包括现金支票和转账支票。汇票包括银行汇票和商业汇票，而商业汇票根据承兑主体不同分为银行承兑汇票和商业承兑汇票。

票据的出票是指出票人签发票据并将其交付给收款人的票据行为，也称为发票、开票、票据发行。票据作为支付结算和现金收付的重要依据，直接关系到支付结算的准确、及时和安全。因此，票据的出票填写，必须做到标准化、规范化，要做到：要素齐全、数字正确、字迹清晰、不错漏、不潦草，防止涂改。

根据我国《票据法》第 22 条的规定，汇票上必须记载下列事项，否则汇票无效：（一）表明"汇票"的字样；（二）无条件支付的委托；（三）确定的金额；（四）付款人名称；（五）收款人名称；（六）出票日期；（七）出票人签章。第 75 条规定本票必须记载的事项为：（一）表明"本票"的字样；（二）无条件支付的承诺；（三）确定的金额；（四）收款人名称；（五）出票日期；（六）出票人签章。第 84 条规定支票必须记载的事项为：（一）表明"支票"的字样；（二）无条件支付的委托；（三）确定的金额；（四）付款人名称；（五）出票日期；（六）出票人签章。

汇票上未记载付款日期的，根据票据法第 23 条的规定，视为见票即付，付款人在持票人提示票据时，即应履行付款责任。而银行汇票、本票及支票均为见票即付，无需记载付款日期。票据上未记载付款地的，以付款人的营业场所、住所或者经常居住地为付款地。票据上未记载出票地的，以出票人的营业场所、住所或者经常居住地为出票地。

票据的转让是通过背书方式进行的。所谓背书是指持票人在票据的背面或者粘单上记载有关事项，完成签章，并将其交付相对人，从而将票据权利转让给他人或者将一定的票据权利授予他人行使的票据行为。票据背书应当连续，持票人以背书的连续，证明其票据权利。所称背书连续，是指在票据转让中，转让汇票的背书人与受让汇票的被背书人在汇票上的签章依次前后衔接。票据背书不得附带条件，背书时附有条件的，所附条件不具有票据上的效力。

背书记载"委托收款"字样的，被背书人有权代背书人行使被委托的汇票权利。但是，被背书人不得再以背书转让汇票权利。委托收款背书是指以委托他人代替自己行使票据权利、收取票据金额而进行的背书。委托收款背书不是实质上的票据权利转让，而是以背书形式进行的委托。背书人是委托人，被背书人是受托人。被背书人行使票据权利后，应将所得金额归于背书人。委托收款背书的背书人在进行背书时，必须记载"委托收款"字样。

汇票可以设定质押；质押时应当以背书记载"质押"字样。被背书人依法实现其质权时，可以行使汇票权利。根据最高人民法院《关于审理票据案件纠纷若干问题的规定》，质押背书的被背书人以质押票据再行背书或者背书转让票据的，背书行为无效。

◎ 相关法律法规

《中华人民共和国票据法》

第二条　在中华人民共和国境内的票据活动，适用本法。

本法所称票据，是指汇票、本票和支票。

第四条　票据出票人制作票据，应当按照法定条件在票据上签章，并按照所记载的事项承担票据责任。

持票人行使票据权利，应当按照法定程序在票据上签章，并出示票据。

其他票据债务人在票据上签章的，按照票据所记载的事项承担票据责任。

本法所称票据权利，是指持票人向票据债务人请求支付票据金额的权利，包括付款请求权和追索权。

本法所称票据责任，是指票据债务人向持票人支付票据金额的义务。

第七条　票据上的签章，为签名、盖章或者签名加盖章。

法人和其他使用票据的单位在票据上的签章，为该法人或者该单位的盖章加其法定代表人或者其授权的代理人的签章。

在票据上的签名，应当为该当事人的本名。

第八条　票据金额以中文大写和数码同时记载，二者必须一致，二者不一致的，票据无效。

第九条　票据上的记载事项必须符合本法的规定。

票据金额、日期、收款人名称不得更改，更改的票据无效。

对票据上的其他记载事项，原记载人可以更改，更改时应当由原记载人签章证明。

第二十二条　汇票必须记载下列事项：

(一)表明"汇票"的字样；

(二)无条件支付的委托；

(三)确定的金额；

(四)付款人名称；

(五)收款人名称；

(六)出票日期；

(七)出票人签章。

汇票上未记载前款规定事项之一的，汇票无效。

第七十五条 本票必须记载下列事项：

(一)表明"本票"的字样；

(二)无条件支付的承诺；

(三)确定的金额；

(四)收款人名称；

(五)出票日期；

(六)出票人签章。

本票上未记载前款规定事项之一的，本票无效。

第八十四条 支票必须记载下列事项：

(一)表明"支票"的字样；

(二)无条件支付的委托；

(三)确定的金额；

(四)付款人名称；

(五)出票日期；

(六)出票人签章。

支票上未记载前款规定事项之一的，支票无效。

第二十七条 持票人可以将汇票权利转让给他人或者将一定的汇票权利授予他人行使。

出票人在汇票上记载"不得转让"字样的，汇票不得转让。

持票人行使第一款规定的权利时，应当背书并交付汇票。

背书是指在票据背面或者粘单上记载有关事项并签章的票据行为。

第二十八条 票据凭证不能满足背书人记载事项的需要，可以加附粘单，粘附于票据凭证上。

粘单上的第一记载人，应当在汇票和粘单的粘接处签章。

第二十九条 背书由背书人签章并记载背书日期。

背书未记载日期的，视为在汇票到期日前背书。

第三十条 汇票以背书转让或者以背书将一定的汇票权利授予他人行使时，必须记载被背书人名称。

第三十一条 以背书转让的汇票，背书应当连续。持票人以背书的连续，证明其汇票权利；非经背书转让，而以其他合法方式取得汇票的，依法举证，证明其汇票权利。

前款所称背书连续，是指在票据转让中，转让汇票的背书人与受让汇票的被背书人在汇票上的签章依次前后衔接。

第三十三条 背书不得附有条件。背书时附有条件的，所附条件不具有汇票上的效力。

将汇票金额的一部分转让的背书或者将汇票金额分别转让给二人以上的背书无效。

第三十四条 背书人在汇票上记载"不得转让"字样，其后手再背书转让的，原背书人对后手的被背书人不承担保证责任。

第三十五条 背书记载"委托收款"字样的，被背书人有权代背书人行使被委托的汇票权利。但是，被背书人不得再以背书转让汇票权利。

汇票可以设定质押；质押时应当以背书记载"质押"字样。被背书人依法实现其质权时，可以行使汇票权利。

第三十六条 汇票被拒绝承兑、被拒绝付款或者超过付款提示期限的，不得背书转让；背书转让的，背书人应当承担汇票责任。

中国人民银行《支付结算办法》
附一：《正确填写票据和结算凭证的基本规定》

一、中文大写金额数字应用正楷或行书填写，如壹(壹)、贰(贰)、叁(叁)、肆(肆)、伍(伍)、陆(陆)、柒、捌、玖、拾、佰、仟、万(万)、亿、元、角、分、零、整(正)等字样。不得用一、二(两)、三、四、五、六、七、八、九、十、念、毛、另(或0)填写，不得自造简化字。如果金额数字书写中使用繁体字，如贰、陆、亿、万、圆的，也应受理。

二、中文大写金额数字到"元"为止的，在"元"之后，应写"整"(或"正")字，在"角"之后可以不写"整"(或"正")字。大写金额数字有"分"的，"分"后面不写"整"(或"正")字。

三、中文大写金额数字前应标明"人民币"字样，大写金额数字有"分"的，"分"后面不写"整"(或"正")字。

四、阿拉伯小写金额数字中有"0"时，中文大写应按照汉语语言规律、金额数字构成和防止涂改的要求进行书写。

五、阿拉伯小写金额数字前面，均应填写人民币符号"￥"(或草写：￥)。阿拉伯小写金额数字要认真填写，不得连写分辩不清。

六、票据的出票日期必须使用中文大写。为防止变造票据的出票日期，在填写月、日时，月为壹、贰和壹拾的，日为壹至玖和壹拾、贰拾和叁拾的，应在其前加"零"；日为拾壹至拾玖的，应在其前面加"壹"。如1月15日，应写成零壹月壹拾伍日。再如10月20日，应写成零壹拾月零贰拾日。

七、票据出票日期使用小写填写的，银行不予受理。大写日期未按要求规模填写的，银行可予受理，但由此造成损失的，由出票人自行承担。

◎ 实训目标

通过实际操作练习，学生能够填写票据，掌握票据出票及背书的规则，了解出票及背书的法律效力。

◎ 实训要求

分组填写银行汇票、银行承兑汇票、商业承兑汇票、本票及支票，并完成票据的背书，分组相互检查填写的正误，并讨论出票及背书时的特殊记载的法律效力。

按以下票据流转的描述完成各类票据的出票及背书填写：购货方为甲公司，供货方为乙公司，甲公司开户行为工商银行某分行，乙公司开户行为建设银行某分行，票据金额为

1870543.62 元，出票日期为当天，汇票到期日为 2 个月。乙公司随后将票据背书转让给丙公司用以支付货款，丙公司通过自己的开户银行农业银行某分行委托收款。

◎ **实训材料**

票据票样

中国工商银行

银行汇票　　2　　00000000

| | | | | | | | | | | | | | |

银行承兑汇票　　2　　00000000

商业承兑汇票　　2　　　　00000000

出票日期
（大写）　　　　　年　　月　　日

付款人	全　称		收款人	全　称	
	账　号			账　号	
	开户银行			开户银行	

出票金额	人民币（大写）	亿	千	百	十	万	千	百	十	元	角	分

汇票到期日（大写）		付款人开户行	行号	
交易合同号码			地址	

本汇票已经承兑，到期无条件付票款。　　　　　　　本汇票请予以承兑于到期日付款。

承兑人签章　　　　　　　　　　　　　　出票人签章

承兑日期　　年　月　日

交通银行　　本票　　2　　　　00000000

出票日期（大写）　　　　年　　月　　日

收款人：　　　　　　　　　　　申请人：

凭票即付	人民币（大写）	亿	千	百	十	万	千	百	十	元	角	分

☐ 转账　　☐ 现金　　　　　密押 _____

行号 _____

备注　　　　　出票行签章　　　　　出纳　　　　复核　　　　经办

中国人民银行　　转账支票　　　00000000

出票日期（大写）　　　　年　　月　　日　　　　付款行名称：

收款人：　　　　　　　　　　　　　出票人账号：

人民币（大写）	亿	千	百	十	万	千	百	十	元	角	分

用途 _____　　　　密码 _____

上列款项请从

我账户内支付

出票人签章　　　　　　　　　复核　　　记账

中国人民银行　现金支票　00000000

出票日期（大写）　　年　　月　　日　　　　付款行名称：

收款人：　　　　　　　　　　　　　　　　出票人账号：

付款期限自出票之日起十天

人民币（大写）	亿	千	百	十	万	千	百	十	元	角	分

用途＿＿＿＿＿＿＿＿＿＿＿＿　　　　　密码＿＿＿＿＿＿＿＿＿＿＿＿＿＿＿

上列款项请从

我账户内支付

出票人签章　　　　　　　　　　　复核　　　记账

被背书人	被背书人
背书人签章 年　月　日	背书人签章 年　月　日

（贴粘单处）

◎ 要点指导

1. 注意不同票据当事人的填写位置。

2. 票据上的签章，为签名、盖章或者签名加盖章。法人和其他使用票据的单位在票据上的签章，为该法人或者该单位的盖章加其法定代表人或者其授权的代理人的签章。

3. 注意检查票据金额和出票日期的中文大写。

4. 注意检查票据背书的连续性，被背书人名称的填写及背书人的签章。同时注意区分转让权利背书与非转让权利背书。

◎ 拓展思考

1. 汇票、本票和支票的绝对记载事项有哪些不同？

2. 票据的金额、日期、收款人名称等事项填写有误能否更改？

3. 支票出票时不填写金额及收款人名称是否有效？

4. 票据出票及背书时填写"不得转让"，收款人及后手又背书转让的会发生什么法律效果？

5. 票据背书时能否不填写被背书人？

6. 票据背书时填写了"质押"及"委托收款"，被背书人能否再背书转让？

69

◎ 课后讨论案例

1. 甲签发汇票一张，汇票上记载收款人为乙、金额为 20 万元、付款人为某建设银行支行，汇票到期日为 2020 年 4 月 1 日。乙取得票据以后，将其背书转让给丙，丙没有背书转让给丁，属于空白背书，丁再背书转让给乙，乙再背书转让给戊，戊再背书转让给己。己要求付款银行某建设银行支行付款时，被以背书不具连续性为由拒绝付款。你是己的律师，己问：此背书是否具有连续性？

2. 2020 年 4 月 26 日，甲有限责任公司业务员魏某自带汇票到屏北市地区购买水泥，其汇票记载：收款人为魏某，支付地为某商业银行，金额为人民币 100 万元。

购买水泥中间介绍人刘某以办理住宿和发运粮食需要抵押为理由，将魏某的身份证及该汇票要到手，交给了屏北市建材有限责任公司经理李某留作抵押。同年 4 月 30 日，李某派人私刻了魏某的私人名章，并通过其在当地银行的关系，将该 100 万元汇票带到商业银行要求结付。商业银行在该汇票收款人魏某不在现场，汇票上没有背书人背书和被背书人签字盖章的情况下，将该汇票项下 100 万元款结付给了屏北市建材有限责任公司，该公司用此款偿还了其他银行的贷款。此后，甲有限责任公司多次要求商业银行还款无果，即以上述事实向法院提起诉讼，认为被告商业银行非法将其 100 万元汇票款转入屏北市建材有限责任公司，被告的行为违反了银行结算的规定，严重侵犯了其合法权益。请求法院判令被告返还其 100 万元汇票款及赔偿利息损失。你认为该案应当如何处理？

◎ 票据法模块实训项目二

票据权利与票据行为

◎ 相关法律知识

票据权利，是指持票人依票据法向票据债务人或关系人请求支付一定数额货币的权利。该权利包括付款请求权和追索权两种请求权。付款请求权，也称第一次请求权，是票据上的主要权利，即由持票人向票据主债务人或关系人请求支付票据金额的权利；追索权也称第二次请求权，是当票据权利的第一次请求权不能实现，即持票人的付款请求权得不到实现时，持票人行使的向所有票据债务人请求支付票据金额及法定费用的权利。

票据权利的取得以占有票据为必要，取得票据权利后要求持票人合法、有效地持有票据。我国票据法规定，持票人取得票据权利必须具备三个条件：一是持票人应支付对价，也即持票人不得无偿取得票据（但因税收、继承、赠与而取得票据的除外）；二是持票人取得票据的手段要合法，即不能采取欺诈、偷盗或胁迫等不法手段取得票据，反之，即使持有票据也不得享有票据权利；三是持票人取得票据时主观上应当是善意，即对有瑕疵的票据，如果持票人在取得该票据时，有恶意或有重大过失的，则不得享有票据权利。

票据行为是指能够直接产生票据债权债务关系的要式法律行为，如出票、背书、承兑、保证等行为。

票据行为具有要式性、无因性、独立性、文义性等特征，不同于一般民事行为，票据作为无因证券，票据行为与票据的基础关系相分离，只要该票据行为在形式上有效，即可产生相应的法律效力。正是基于票据行为的无因性，为了保护正当持票人或善意取得人的票据权利，保障票据的流通，票据法对票据抗辩权的行使作出限制，主要针对人的抗辩而言，是指票据债务人与出票人或持票人前手之间存在的抗辩事由，不能用于对抗持票人的票据权利请求，又称票据抗辩切断制度。

票据行为的构成要件分为实质要件和形式要件。实质要件主要是指行为人须有完全民事行为能力，意思表示须真实、合法；形式要件是指行为人须依票据法规定的方式为票据行为，始能产生票据效力。主要包括票据内容记载合法、签章合法，并依法交付。票据行为人在依法完成票据记载和票据签章之后，以自己的意思将票据交与持票人。只有在票据交付后，票据行为才最终完成，票据上的权利义务才得以产生。因此，在票据未交付之前，如因遗失或被盗或者其他非基于行为人真意的事由而使票据为第三人取得时，由于票据行为尚未完成，行为人不必承担票据责任。但是，如果第三人系善意持票人，行为人仍应负责。

◎ **相关法律法规**

《中华人民共和国票据法》

第四条 票据出票人制作票据，应当按照法定条件在票据上签章，并按照所记载的事项承担票据责任。

持票人行使票据权利，应当按照法定程序在票据上签章，并出示票据。

其他票据债务人在票据上签章的，按照票据所记载的事项承担票据责任。

本法所称票据权利，是指持票人向票据债务人请求支付票据金额的权利，包括付款请求权和追索权。

本法所称票据责任，是指票据债务人向持票人支付票据金额的义务。

第六条 无民事行为能力人或者限制民事行为能力人在票据上签章的，其签章无效，但是不影响其他签章的效力。

第十条 票据的签发、取得和转让，应当遵循诚实信用的原则，具有真实的交易关系和债权债务关系。

票据的取得，必须给付对价，即应当给付票据双方当事人认可的相对应的代价。

第十一条 因税收、继承、赠与可以依法无偿取得票据的，不受给付对价的限制。但是，所享有的票据权利不得优于其前手的权利。

前手是指在票据签章人或者持票人之前签章的其他票据债务人。

第十二条 以欺诈、偷盗或者胁迫等手段取得票据的，或者明知有前列情形，出于恶意取得票据的，不得享有票据权利。

持票人因重大过失取得不符合本法规定的票据的，也不得享有票据权利。

第十三条 票据债务人不得以自己与出票人或者与持票人的前手之间的抗辩事由，对抗持票人。但是，持票人明知存在抗辩事由而取得票据的除外。

票据债务人可以对不履行约定义务的与自己有直接债权债务关系的持票人，进行抗辩。

本法所称抗辩，是指票据债务人根据本法规定对票据债权人拒绝履行义务的行为。

第六十八条 汇票的持票人可以不按照汇票债务人的先后顺序，对其中任何一人、数人或者全体行使追索权。

持票人对汇票债务人中的一人或者数人已经进行追索的，对其他汇票债务人仍可以行使追索权。被追索人清偿债务后，与持票人享有同一权利。

第九十三条 支票的背书、付款行为和追索权的行使，除本章规定外，适用本法第二章有关汇票的规定。

支票的出票行为，除本章规定外，适用本法第二十四条、第二十六条关于汇票的规定。

◎ 实训目标

通过案例分析，学生能够掌握票据权利与票据行为的基本特性，了解票据善意取得以及票据抗辩的基本规则。

◎ 实训要求

学生分组创设票据流转的情景模式，进行不同票据当事人角色扮演，讨论在不同票据行为下能否取得票据权利，分析票据纠纷中的各种票据关系，从而掌握解决票据纠纷的能力。

◎ 实训材料

司徒先生是某研究所的研究员，因专利发明获得了大量收入，银行为其开了支票账户。2020 年因家庭问题，受到刺激，导致精神失常。2020 年 4 月 1 日司徒先生签了一张 60 万元的转账支票给某房地产公司购买有关房屋，某房地产公司希望有保证人进行保证。司徒先生找到其朋友钟女士保证。房地产公司收受支票后，4 月 15 日以背书的方式将该支票转让给了某租赁公司以支付所欠的建筑机械租金。4 月 19 日某租赁公司持该支票向某现代商城购置计算机设备。4 月 26 日某现代商城通过其开户银行提示付款时，开户银行以超越提示付款期为由作了退票处理。某现代商城只好通知其前手进行追索。在追索的过程中，租赁公司和房地产公司均以有保证人为由推卸自己的责任，保证人钟女士以司徒先生系精神病人，其签发支票无效为由，拒不承担责任。经鉴定，司徒先生确属精神不正常，属无行为能力人。

我们讨论如下几个问题：1. 无行为能力人的票据行为是否有效？2. 其所签发的票据是否有效？3. 在有保证人存在的情况下、票据行为人应否负票据责任？4. 本案中的保证人应否承担保证责任？

◎ 要点指导

1. 分析票据行为能力与民事行为能力的不同。

2. 票据作为文义证券，无票据行为能力人的签章能否通过票据外观辨别？会不会影响票据的效力？

3. 注意票据债务人的连带责任。

◎ 拓展思考

1. 我国票据法中规定的支票制度与汇票本票有何不同？
2. 支票作为支付证券，是否存在票据保证制度？其与民事保证制度有何不同？
3. 什么是票据的善意取得制度？
4. 什么是票据抗辩制度？

◎ 课后讨论案例

1. 永固房地产有限责任公司从丽德贸易进出口公司购进 2000 吨水泥，总价款 50 万元。水泥运抵后，永固房地产有限责任公司为丽德贸易进出口公司签发一张以永固房地产有限责任公司为出票人和付款人、以丽德贸易进出口公司为收款人的，三个月后到期的商业承兑汇票。一个月后，丽德贸易进出口公司从吉祥有限责任公司购进木材一批，总价款 54 万 5 千元。丽德贸易进出口公司就把永固房地产有限责任公司开的汇票背书转让给吉祥有限责任公司，余下的 4 万 5 千元用支票方式支付完毕。后，永固房地产有限责任公司发现 2000 吨水泥中有一半质量不合格，双方发生纠纷。汇票到期时，吉祥有限责任公司把汇票提交永固房地产有限责任公司要求付款，永固房地产有限责任公司拒绝付款，理由是丽德贸易进出口公司供给的水泥不合格，不同意付款。

永固房地产有限责任公司是否可以拒绝付款？

2. 2020 年 2 月 20 日，新时代服装厂与大福布料厂签订了购销 40 万元布料的合同。新时代服装厂向大福布料厂出具了一张以工商行某分行为承兑人的银行承兑汇票 00883109 号。该汇票的记载事项完全符合《票据法》的要求。大福布料厂将该汇票贴现给了建行某分行。在建行某分行向承兑行提示付款时，工商行某分行拒付。理由是：大福布料厂所供布料存在瑕疵，新时代服装厂来函告知，00883109 号汇票不能解付，请协助退回汇票。建行某分行认为，工商行某分行拒付违反《票据法》的有关规定，故向法院起诉，要求法院判决。

（1）工商行某分行的做法是否符合《票据法》的有关规定？

（2）法院应如何判决？

3. 2020 年 5 月 9 日，A 酒店向 B 商场购买了价值 150 万元的空调，并向 B 商场开具了以 C 银行为承兑行的汇票。B 商场收到汇票后，将汇票作为向 D 电视机厂购买电视机的货款先行付款。D 电视机厂收到该张汇票后，恰逢当地某税务机关收税，便将该汇票抵交税款。汇票到期后，某税务机关欲向 C 银行提示付款，不料 C 银行因从事非法活动而被责令终止业务活动。考虑到 B 商场效益很好，且在本地某税务机关，遂向 B 商场行使追索权。B 商场认为，D 电视机厂发来的电视机不符合标准，自己不应支付货款，某税务机关是从 D 电视机厂处取得汇票，所以本商场不承担支付责任。某税务机关认为，票据具有无因性，自己依法取得票据，享有票据权利，B 商场不能以它与 D 电视机厂之间的购销合同纠纷对抗善意持票人，所以应向本机关承担付款责任。双方争执不下，某税务机关诉至法院，请求依法判决。

(1)我国《票据法》对以税收方式无代价取得汇票的持票人的票据权利是如何规定的？

(2)法院是否应支持 B 商场的主张？

◎ 票据法模块实训项目三

票据的瑕疵：伪造与变造

◎ 相关法律知识

票据的瑕疵，是指影响票据效力的行为。票据瑕疵与票据形式欠缺不同。票据形式欠缺是指票据不具备法定的形式要件，此种票据当然无效，且这种无效对任何人都可主张；而票据的瑕疵则是在票据形式之外存在一定问题，票据并非因此当然无效，也并非对任何人均可主张无效。票据瑕疵，通常包括票据伪造、票据变造。

1. 票据伪造。票据伪造是指无权限之人以行使票据权利为目的，假冒他人或虚构人名义签章的行为。票据伪造人所从事的是一种票据签章行为，没有签章就没有票据的伪造，这是票据伪造与票据变造的根本区别所在。票据伪造的法律后果，即票据伪造后对伪造人、被伪造人、真实签章人、持票人、付款人产生的法律效力。

(1)对伪造人的效力。由于伪造人未在票据上以自己的名义签章，所以他不负票据责任。但是，他应依民法和刑法的规定，承担相应的民事赔偿责任和刑事责任。(2)对被伪造人的效力。票据签章须由签章人亲自进行或经由其代理人亲自进行，伪造人未经被伪造人授权而将其签章强加于票据，不能反映被伪造人的真实意思，应属无效，被伪造人不承担票据责任。同时，如因此遭受损失，还可请求伪造人赔偿。不过，被伪造人应举证证明，所伪造的签章并非自己所为。如不能举证证明，依票据文义原则，应推定签章为被伪造人所为，并依此承担票据责任。(3)对真实签章人的效力。根据票据行为独立原则，在伪造的票据上真实签章之人，应分别按照其签章时票据所载文义，对持票人承担付款责任。(4)对持票人的效力。当票据伪造为出票的伪造时，该票据无效，持票人不能取得付款请求权。此时，如果持票人是直接从伪造人手中取得该伪造票据，可依民法的规定，请求伪造人赔偿；如果持票人是从真实签名人手中取得其前手伪造的票据，则可对真实签名人行使追索权。而对于附属票据行为的伪造，因票据效力不受影响，所以，善意持票人可以行使付款请求权，也可以对真实签章的前手行使追索权。(5)对付款人的效力。由于付款人付款时仅负有形式审查义务，对票据上签章的真伪无审查义务，因此，经形式审查合格后，付款人的付款属正常程序的付款，即使票据上有伪造签章，付款人也不再负责付款。但是，付款人明知票据伪造或在审查过程中存在重大过失而付款的，应承担再次付款的责任。

2. 票据变造。票据变造是指无权更改票据内容之人，对票据上签章以外的记载事项加以改变的行为。票据变造与票据伪造的区别在于：前者是票据债务内容的伪造，后者则是票据债务人的伪造；票据伪造一般只涉及特定的被伪造人是否承担责任的问题，而票据变造则涉及所有票据上签章人的责任问题。

票据是文义证券，票据变造前的效力显然与变造后的效力不同，对于变造前的票据签章人和变造后的票据签章人，要求依其签章时的票据文义承担责任才符合法律的公平和正义。因此，我国《票据法》第14条第3款规定，票据上其他记载事项被变造的，在变造之前签章的人，对原记载事项负责；在变造之后签章的人，对变造之后的记载事项负责；不能辨别是在被变造之前或之后签章的，视同在变造之前签章。这一推定的意义是为了减轻票据债务人的责任，提高受款人的警觉，从而阻止变造票据的流通以及利用变造的票据谋取不当利益。

◎ 相关法律法规

《中华人民共和国票据法》

第九条 票据上的记载事项必须符合本法的规定。

票据金额、日期、收款人名称不得更改，更改的票据无效。

对票据上的其他记载事项，原记载人可以更改，更改时应当由原记载人签章证明。

第十四条 票据上的记载事项应当真实，不得伪造、变造。伪造、变造票据上的签章和其他记载事项的，应当承担法律责任。

票据上有伪造、变造的签章的，不影响票据上其他真实签章的效力。

票据上其他记载事项被变造的，在变造之前签章的人，对原记载事项负责；在变造之后签章的人，对变造之后的记载事项负责；不能辨别是在票据被变造之前或者之后签章的，视同在变造之前签章。

第六十一条 汇票到期被拒绝付款的，持票人可以对背书人、出票人以及汇票的其他债务人行使追索权。

汇票到期日前，有下列情形之一的，持票人也可以行使追索权：

（一）汇票被拒绝承兑的；

（二）承兑人或者付款人死亡、逃匿的；

（三）承兑人或者付款人被依法宣告破产的或者因违法被责令终止业务活动的。

中国人民银行《支付结算办法》

第十四条 票据和结算凭证上的签章和其他记载事项应当真实，不得伪造、变造。

票据上有伪造、变造的签章的，不影响票据上其他当事人真实签章的效力。

本条所称的伪造是指无权限人假冒他人或虚构人名义签章的行为。签章的变造属于伪造。

本条所称的变造是指无权更改票据内容的人，对票据上签章以外的记载事项加以改变的行为。

《中华人民共和国刑法》

第一百七十七条 【伪造、变造金融票证罪】有下列情形之一，伪造、变造金融票证的，处五年以下有期徒刑或者拘役，并处或者单处二万元以上二十万元以下罚金；情节严重的，处五年以上十年以下有期徒刑，并处五万元以上五十万元以下罚金；情节特别严重的，处十年以上有期徒刑或者无期徒刑，并处五万元以上五十万元以下罚金或者没收财产：

（一）伪造、变造汇票、本票、支票的；

（二）伪造、变造委托收款凭证、汇款凭证、银行存单等其他银行结算凭证的；

（三）伪造、变造信用证或者附随的单据、文件的；

（四）伪造信用卡的。

单位犯前款罪的，对单位判处罚金，并对其直接负责的主管人员和其他直接责任人员，依照前款的规定处罚。

◎ 实训目标

通过案例分析，学生能够掌握票据伪造与变造的法律后果，了解票据存在瑕疵时当事人之间的票据法律关系，从而解决票据纠纷。

◎ 实训要求

学生分组讨论票据伪造及变造案件，并将票据票样分别进行伪造与变造，然后创设票据流转的情景模式，进行不同票据当事人角色扮演，讨论不同当事人的责任关系，从而掌握解决票据瑕疵纠纷案件的能力。

◎ 实训材料

1. 农则旺伪造了一张 150 万元的银行承兑汇票，该汇票以翔蓟服装进出口有限责任公司为收款人，以中国工商银行某分行为付款人，汇票的"交易合同号码"栏未填。农则旺将这张伪造的银行承兑汇票向翔蓟服装进出口有限责任公司换取了 110 万元。翔蓟服装进出口有限责任公司持这张伪造的汇票到中国农业银行某分行申请贴现，中国农业银行某分行没有审查出是伪造汇票，予以贴现 145 万元，翔蓟服装进出口有限责任公司由此获得收入 35 万元。中国农业银行某分行向中国工商银行某分行提示承兑。中国工商银行某分行在收到汇票后发现，没有办理过这笔银行承兑业务，立即向公安局报案。后查明该汇票系伪造的汇票，中国工商银行某分行将汇票退给中国农业银行某分行，拒绝承兑。请评述他们的法律关系。

2. 2020 年 6 月 6 日，六月雪冷冻机械有限责任公司为偿付借款，签发金额为人民币500 元的中国银行某分行的转账支票一张，交付速达压缩机有限责任公司。当时，未记载收款人名称就交付了支票。6 月 12 日，有人持该支票到永利建筑材料有限责任公司购买建筑材料。此时，该转账支票的大小写金额均为人民币 9500 元，并且未有任何背书。永利建筑材料有限责任公司收下支票当日，在背书人与被背书人栏内盖下自己的印章作为背书，再以持票人身份将支票交给建设银行某支行，由该支行于当日通过工商银行某分行从六月雪冷冻机械有限责任公司银行账户上划走人民币 9500 元，转入永利建筑材料有限责任公司账户。同年 6 月底，六月雪冷冻机械有限责任公司与开户银行对账时，发现账上存款短缺 9000 元，经双方核查，发现该转账支票金额与存根不同，已被改写。

经协商无果，六月雪冷冻机械有限责任公司向法院起诉，称：转账支票金额已被涂改，请求确定该票据无效，并判令永利建筑材料有限责任公司承担经济损失9500元。支票金额有涂改痕迹，两家有关银行都没有按规定严格审查，错划款项，造成原告经济损失，也应承担责任。

永利建筑材料有限责任公司辩称：收下支票后经财务人员审核，没有发现有涂改或可疑之处，又是通过银行按正常途径收款的，自己无责任。

建设银行某支行辩称：银行对转账支票的审核手续为印鉴是否相符、日期是否有效以及大小写金额是否一致，经审核，该三要素符合。对于发生存根与原件不一致的情况，银行不负责任。

工商银行某分行辩称：收票时经多人仔细审阅，支票大小写金额均无涂改痕迹，故自己无责任。

法院认为：永利建筑材料有限责任公司所取得的转账支票字迹被消褪，金额大、小写均被变造，根据《中华人民共和国票据法》规定，应为无效票据，持票人因此而取得的利益应予返还。持票人不能证明该票据已经过几手而取得，故造成背书不连续的责任在永利建筑材料有限责任公司。本案所涉刑事犯罪，不影响六月雪冷冻机械有限责任公司行使票据利益返还的权利。

你认为该案应当如何处理？

◎ 要点指导

案例1：本案涉及票据伪造中相关当事人的权利义务关系问题。主要讨论的理论问题：1. 农则旺伪造汇票的收款人、付款人，该票据是否有效？农则旺是否应承担票据责任？是否承担民事及刑事责任？2. 中国农业银行某分行能否向翔蓟服装进出口有限责任公司行使追索权？3. 翔蓟服装进出口有限责任公司的损失应由谁承担？4. 中国工商银行某分行是否承担任何责任？

案例2：本案例所涉及的是一起无效转账支票利益如何处理的问题。主要讨论的理论问题：1. 被变造后的票据法律效力。2. 票据背书不连续的法律后果。3. 银行审核票据承担的责任。4. 本案与变造票据刑事案件的关系应该如何处理。

◎ 拓展思考

甲签发一张支票给乙，金额为人民币5000元。乙将票据金额由5000元更改为50000元，但从表面上看不出金额更改过。随后乙背书转让给丙。丙向付款银行请求付款，因支票空头，付款银行不予付款，丙遂向甲行使追索权，请求甲给付其50000元。甲认为金额更改的票据为无效票据，拒绝付款。

有人认为，依照票据法第九条第二款的规定，票据金额、日期、收款人名称不得更改，更改的票据无效。因此，法律禁止对票据金额作任何变动，对票据金额进行任何更改的结果都将导致票据无效。本案中，票据金额曾经被更改，票据已经无效，丙不再享有票据权利，当然也无权向甲请求支付票据款。

也有人认为，应适用票据法第十四条第三款的规定，认定乙更改票据金额的行为属于票据变造，甲在票据金额变造之前签章，应当对原记载事项负责，故丙可以请求甲支付

5000 元而不是 50000 元票据款。

票据金额被变动，究竟属于第九条金额的更改还是第十四条票据的变造？该两条款的规定是否矛盾？

◎ 课后讨论案例

1. 王某系上海 B 公司职工。上海 B 公司在宝山区工商行开立结算户头，曾买过银行承兑汇票(全是空白汇票)。王某窃取其中一张，伪造了一张 100 万元的银行承兑汇票。该汇票以杭州 A 公司为收款人，以上海 B 公司为承兑申请人，汇票的"交易合同号码"栏未填，在承兑银行盖章处盖有三省一市银行汇票结算章。王某将这张伪造的银行汇票转让给杭州 C 公司，杭州 C 公司背书转让给 D 公司。杭州 D 公司持这张伪造的汇票到杭州农行申请贴现，杭州农行未审查出该汇票的真伪，予以贴现人民币 96 万元。杭州农行通过同城票据结算，交换给杭州建行，杭州建行又以联行票据结算将汇票转让给上海第四支行。上海第四支行从未办理过银行承兑业务，在收到汇票后，立即向公安机关报案，汇票退给杭州农行，而农行以多种借口拒收汇票。

◎ **请结合案例回答下列问题：**
(1)王某假冒出票人的名义进行原始的票据创设的行为属于什么行为？
(2)伪造者王某应负什么责任？说明理由。
(3)杭州 A 公司和上海 B 公司是否承担票据责任？说明理由。
(4)杭州 C 公司是否承担票据责任？说明理由。
(5)杭州农行应承担哪些法律责任？

2. 某公司采购员萧某需要携带 2 万元金额的支票到某市工业区采购样品。支票由王某负责填写，由某公司财务主管加盖了财务章及财务人员印鉴，收款人一栏授权萧某填写。这一切有支票存根上记录为证。萧某持票到某市工业区某私营企业中购买了 2 万元各类工业样品。该私营企业负责人李某为萧某的朋友，见支票上字迹为萧某所为，于是以资金周转困难为由，要求萧某帮忙将支票上金额改成 22 万元用于暂时周转。萧某应允，在改动过程中使用了李某提供的"涂改剂"，故外观不露痕迹。尔后，李某为支付工程款将支票背书给了某建筑工程公司。此事败露后，某公司起诉某建筑工程公司及李某，要求返还多占用的票款。

◎ **问题：**
(1)本案中萧某的行为在票据法上属于什么性质的行为？为什么？
(2)本案应如何处理？为什么？

◎ 票据法模块实训项目四

失票救济

◎ 相关法律知识

票据的丧失与补救是指在票据权利人因某种原因丧失对票据的实际占有，使票据权利的行使遭到一定障碍时，为使权利人的票据权利能够实现，而对其提供的特别的法律救济，包括挂失止付、公示催告和提起诉讼。

1. 挂失止付。挂失止付是指失票人将票据丧失的事实通知票据的付款人，并要求付款人停止支付票据款项的补救办法。失票人需要挂失止付的，依《支付结算办法》第 49 条的规定，应填写挂失止付通知书并签章。付款人或者代理付款人收到挂失止付通知书后，查明挂失票据确未付款时，应立即暂停支付。如果付款人与取款人恶意串通，或者由于付款人的过失，在挂失止付后付款人支付该票据款项的，应对其付款行为承担责任即仍应对失票人承担付款责任。

但挂失止付只是失票人丧失票据后可以采取的一种临时补救措施，以防止所失票据被他人冒领。票据本身并不因挂失止付而无效，失票人的票据责任并不因此免除，失票人的票据权利也不能因挂失止付得到最终的恢复。另外，挂失止付也不是公示催告程序和诉讼程序的必经程序。我国《票据法》第 15 条第 3 款就明确规定，失票人可以在票据丧失后，直接向人民法院申请公示催告或提起诉讼。

2. 公示催告。公示催告是指人民法院根据失票人的申请，以公告的方法，告知并催促利害关系人在指定期限内向人民法院申报权利，如不申报权利，人民法院即依法作出宣告票据无效的判决的补救办法。根据我国民事诉讼法的规定，人民法院在决定受理公示催告申请后，应当向根据所失票据负有支付义务的人发出停止支付通知，并自发出该通知之日起 3 日内发出公告，催促利害关系人向人民法院申报权利，公告期由法院决定，但不得少于 60 日。公告期间，转让票据权利的行为无效。在公告期间，如有利害关系人申报权利，人民法院应裁定终结公示催告程序，并通知申请人和支付人，申请人或者支付人可以向人民法院起诉；如果没有人申报权利的，人民法院应当根据申请人的申请，作出判决，宣告票据无效。自判决公告之日起，申请人有权向支付人请求支付。

3. 提起诉讼。提起诉讼是指失票人在丧失票据后，以普通诉讼的方式直接向人民法院起诉，以救济其票据权利。提起诉讼是对公示催告制度的完善和补充。根据《最高人民法院关于审理票据纠纷案件若干问题的规定》第 35 条至第 39 条的规定，采用普通诉讼程序进行失票救济的情形主要有四种：(1)失票人请求补发票据遭拒绝而提起的诉讼；(2)失票人请求票据债务人付款而提起的诉讼；(3)失票人请求确认票据实际持有人为非法持有票据而提起的诉讼；(4)失票人请求非法票据持有人返还票据而提起的诉讼。失票人向人民法院提起诉讼的，除向人民法院说明曾经持有票据及丧失票据的情形外，还应当提供担保，担保的数额应当相当于票据载明的金额。

上述三种补救办法，失票人可以任意选择适用。为了不损害利害关系人的权利，保护正当持票人的权利，票据法要求失票人申请挂失止付的，应在 3 日内申请公示催告或者向人民法院提起诉讼，以尽早结束票据权利处于不明确的状态。如失票人不这样做，依《支付结算办法》第 50 条的规定，付款人或者代理付款人自收到挂失止付通知书之日起 12 日内没有收到人民法院的止付通知书的，自第 13 日起，持票人提示付款并依法向持票人付款的，不再承担责任。我国票据法规定的这三种补救办法，具有较大的灵活性，体现了既充分保护失票人的权利，又不损害其他利害关系人的利益的立法宗旨。

◎ 相关法律法规

《中华人民共和国票据法》

第十五条 票据丧失，失票人可以及时通知票据的付款人挂失止付，但是，未记载付款人或者无法确定付款人及其代理付款人的票据除外。

收到挂失止付通知的付款人，应当暂停支付。

失票人应当在通知挂失止付后三日内，也可以在票据丧失后，依法向人民法院申请公示催告，或者向人民法院提起诉讼。

中国人民银行《支付结算办法》

第四十八条 已承兑的商业汇票、支票、填明"现金"字样和代理付款人的银行汇票以及填明"现金"字样的银行本票丧失，可以由失票人通知付款人或者代理付款人挂失止付。

未填明"现金"字样和代理付款人的银行汇票以及未填明"现金"字样的银行本票丧失，不得挂失止付。

第四十九条 允许挂失止付的票据丧失，失票人需要挂失止付的，应填写挂失止付通知书并签章。挂失止付通知书应当记载下列事项：

(一)票据丧失的时间、地点、原因；

(二)票据的种类、号码、金额、出票日期、付款日期、付款人名称、收款人名称；

(三)挂失止付人的姓名、营业场所或者住所以及联系方法。

欠缺上述记载事项之一的，银行不予受理。

第五十条 付款人或者代理付款人收到挂失止付通知书后，查明挂失票据确未付款时，应立即暂停支付。付款人或者代理付款人自收到挂失止付通知书之日起 12 日内没有收到人民法院的止付通知书的，自第 13 日起，持票人提示付款并依法向持票人付款的，不再承担责任。

第五十一条 付款人或者代理付款人在收到挂失止付通知书之前，已经向持票人付款的，不再承担责任。但是，付款人或者代理付款人以恶意或者重大过失付款的除外。

最高人民法院《关于审理票据纠纷案件若干问题的规定》

第二十四条 票据丧失后，失票人直接向人民法院申请公示催告或者提起诉讼的，人民法院应当依法受理。

第二十六条 票据法第十五条第三款规定的可以申请公示催告的失票人，是指按照规定可以背书转让的票据在丧失票据占有以前的最后合法持票人。

第二十九条 失票人通知票据付款人挂失止付后三日内向人民法院申请公示催告的，公示催告申请书应当载明下列内容：

(一)票面金额；

(二)出票人、持票人、背书人；

(三)申请的理由、事实;

(四)通知票据付款人或者代理付款人挂失止付的时间;

(五)付款人或者代理付款人的名称、通信地址、电话号码等。

第三十条　人民法院决定受理公示催告申请,应当同时通知付款人及代理付款人停止支付,并自立案之日起三日内发出公告。

第三十一条　付款人或者代理付款人收到人民法院发出的止付通知,应当立即停止支付,直至公示催告程序终结。非经发出止付通知的人民法院许可擅自解付的,不得免除票据责任。

第三十二条　人民法院决定受理公示催告申请后发布的公告应当在全国性的报刊上登载。

第三十三条　依照《中华人民共和国民事诉讼法》(以下简称民事诉讼法)第一百九十四条的规定,公示催告的期间,国内票据自公告发布之日起六十日,涉外票据可根据具体情况适当延长,但最长不得超过九十日。

第三十四条　依照民事诉讼法第一百九十五条第二款的规定,在公示催告期间,以公示催告的票据质押、贴现,因质押、贴现而接受该票据的持票人主张票据权利的,人民法院不予支持,但公示催告期间届满以后人民法院作出除权判决以前取得该票据的除外。

第三十五条　票据丧失后,失票人在票据权利时效届满以前请求出票人补发票据,或者请求债务人付款,在提供相应担保的情况下因债务人拒绝付款或者出票人拒绝补发票据提起诉讼的,由被告住所地或者票据支付地人民法院管辖。

第三十六条　失票人因请求出票人补发票据或者请求债务人付款遭到拒绝而向人民法院提起诉讼的,被告为与失票人具有票据债权债务关系的出票人、拒绝付款的票据付款人或者承兑人。

《中华人民共和国民事诉讼法》

第十八章　公示催告程序

第二百一十八条　申请条件

按照规定可以背书转让的票据持有人,因票据被盗、遗失或者灭失,可以向票据支付地的基层人民法院申请公示催告。依照法律规定可以申请公示催告的其他事项,适用本章规定。申请人应当向人民法院递交申请书,写明票面金额、发票人、持票人、背书人等票据主要内容和申请的理由、事实。

第二百一十九条　公告

人民法院决定受理申请,应当同时通知支付人停止支付,并在三日内发出公告,催促利害关系人申报权利。公示催告的期间,由人民法院根据情况决定,但不得少于六十日。

第二百二十条　止付通知及效力

支付人收到人民法院停止支付的通知,应当停止支付,至公示催告程序终结。公示催告期间,转让票据权利的行为无效。

第二百二十一条　申报权利

利害关系人应当在公示催告期间向人民法院申报。人民法院收到利害关系人的申报后，应当裁定终结公示催告程序，并通知申请人和支付人。申请人或者申报人可以向人民法院起诉。

第二百二十二条　除权判决

没有人申报的，人民法院应当根据申请人的申请，作出判决，宣告票据无效。判决应当公告，并通知支付人。自判决公告之日起，申请人有权向支付人请求支付。

第二百二十三条　除权判决撤销之诉

利害关系人因正当理由不能在判决前向人民法院申报的，自知道或者应当知道判决公告之日起一年内，可以向作出判决的人民法院起诉。

◎ 实训目标

通过案例分析，学生能够掌握票据丧失后的救济措施，解决票据遗失的法律纠纷。

◎ 实训要求

学生分组讨论失票救济中的公示催告案件，分组绘制公示催告流程图，从而掌握解决票据遗失纠纷案件的能力。

◎ 实训材料

鸿丽商厦从远方纺织品进出口有限责任公司购进一批羊毛衫。鸿丽商厦向远方纺织品进出口有限责任公司开具了109万元货款的汇票，汇票付款人为工商银行某分行，付款期限为出票后30天。远方纺织品进出口有限责任公司业务员夏某拿到汇票后，声称不慎于第五日遗失。远方纺织品进出口有限责任公司随即向工商银行某分行所在地区人民法院申请公示催告。人民法院接到申请后第二天即受理，并通知了付款人停止支付。第三天发出公告，限利害关系人在公告之日起三个月内到人民法院申报。如果没有人申报，人民法院将根据申请人的申请，宣告票据无效。后来袁某持汇票到人民法院申报，并声称汇票是用50万元从业务员夏某手里买的。人民法院接到申报后，裁定终结公示催告程序，并通知远方纺织品进出口有限责任公司和工商银行某分行。于是，远方纺织品进出口有限责任公司向人民法院起诉。以上做法正确么？为什么？

◎ 要点指导

1. 远方纺织品进出口有限责任公司在汇票遗失后，可否不先挂失，而直接向人民法院申请公示催告？法院管辖权是否合法？

2. 法院的公示催告程序是否合法？

3. 袁某持汇票向法院申报后，法院是否应裁定终结公示催告程序。法院裁判文书应该用判决还是裁定？如果公示催告期限届满，无人申报票据权利，法院能否直接作出除权判决？

4. 远方纺织品进出口有限责任公司向法院起诉是否正确的？

5. 根据本案，绘制出公示催告流程图。

◎ 拓展思考

2020 年 5 月 3 日，某机械有限责任公司职工许某向该厂财务部门领取了盖有银行预留印鉴的空白转账支票一张，号码为 001403，准备用于采购生产用品，不慎在途中遗失。该厂即向开户银行办理挂失手续，因按规定不能办理挂失而未遂。5 月 11 日，某机械有限责任公司在当地日报上刊登了支票遗失启事，声明遗失的 001403 号空白转账支票作废。同年 8 月 18 日，自称"付军"的人持该空白转账支票到某微型电机有限责任公司，以某机械有限责任公司名义购买电器，并出示了名片和介绍信。某微型电机有限责任公司财务人员未严格审证，就在该空白转账支票上填写了收款单位、金额、用途。同日，"付军"即将价值 8000 元的电器提走。8 月 13 日，某微型电机有限责任公司持该转账支票到某机械有限责任公司的开户银行去兑付，银行发现某机械有限责任公司的存款不足，予以退票，并按规定对某机械有限责任公司作出罚款处理。某微型电机有限责任公司遂与某机械有限责任公司交涉，要求该公司承担货款。但某机械有限责任公司以遗失的空白转账支票已登报声明作废为理由，拒绝支付货款。

为此，某微型电机有限责任公司于 2020 年 8 月 28 日向人民法院提起诉讼，称：某机械有限责任公司违反支票管理规定，支票遗失后被他人冒用，造成我厂经济损失 8000 元，要求某机械有限责任公司予以赔偿。

某机械有限责任公司辩称：向原告购物的空白转账支票确系我厂签发，但该空白转账支票遗失后，我厂已登报声明该空白转账支票作废。原告被自称"付军"的人诈骗价值 8000 元的电器，与我厂无关，请求法院判决驳回原告的诉讼请求。

人民法院经公开审理认为：支票是资金结算的依据，应按支票管理的有关规定正确使用。被告签发空白转账支票且支票空头，违反支票使用的规定。该 001403 号空白转账支票被他人冒用，造成原告 8000 元的经济损失，被告应承担民事赔偿责任。被告以已登报声明遗失的空白转账支票作废为理由而不愿赔偿，于法于情于理不符。据此判决：被告某机械有限责任公司赔偿原告某微型电机有限责任公司经济损失人民币 8000 元，此款在判决生效后 10 日内付清。

某机械有限责任公司对此判决不服，以某微型电机有限责任公司未严格审证，擅自在空白转账支票上填写收款单位、金额、用途，也有一定过错，应承担一定责任为理由，向中级人民法院提起上诉。某微型电机有限责任公司认为原判正确，请求予以维持。中级法院经审理认为：上诉人签发空白转账支票的行为违反票据管理的有关规定，其空白转账支票遗失后，被他人冒用，造成某微型电机有限责任公司 8000 元的经济损失，上诉人应承担赔偿责任。上诉人登报声明遗失的空白转账支票作废的行为，只是一种单方法律行为，不能作为免责的理由。某微型电机有限责任公司在销售过程中，对自称"付军"的人审证不严，故在这起纠纷中也有一定责任，应当承担部分经济损失。经调解，双方当事人自愿达成协议如下：某机械有限责任公司赔偿某微型电机有限责任公司经济损失人民币 4000 元，此款在调解书送达时付清。

请问：中级人民法院对本案的处理是否合适？

思考：（1）什么是空白支票？什么是空头支票？出票人能否签发空白支票及空头支

票？(2)已签发的转账支票遗失，银行不受理挂失，可请求收款人协助防范。哪些票据可以挂失，哪些不予挂失？该案中某机械有限责任公司登报声明支票作废，是否具有法律效力？

◎ 课后讨论案例

2020 年 5 月 5 日，为支付电费，某水泥厂签发银行承兑汇票一张，并经农行某营业所签章同意承兑。汇票载明，收款人为某农电局，金额 13 万元，汇票到期日为 2020 年 8 月 5 日。签发当日，汇票交付农电局。后水泥厂与营业所签订承兑协议，约定汇票到期日前水泥厂将票款 13 万元交存营业所以便到期付款。5 月 8 日，农电局遗失汇票。5 月 9 日上午，农电局向营业所申请挂失，并请求补开银行承兑汇票。营业所称，待汇票到期日届满，看有无他人持票取款再定。汇票到期届满无他人持票取款，农电局请求营业所支付票款，遭拒绝。农电局提起诉讼，请求法院判令营业所支付票款 13 万元。营业所辩称，水泥厂未按协议交存票款，营业所在未见汇票情况下不应承担付款义务。

◎ 请回答下列问题：

(1)农电局遗失汇票后是否仍然享有票据权利？说明理由。

(2)《票据法》规定了票据丧失后有哪三种救济方法？

(3)农电局选择了哪种方式？

(4)假如农电局放弃了票据权利，其债权如何实现？

◎ 票据法模块实训项目五　票据的承兑与付款

◎ 相关法律知识

1. 承兑。承兑是指汇票付款人承诺在汇票到期日支付汇票金额的票据行为。承兑是汇票特有的一种制度。因为汇票的出票人在出票时，是委托他人(付款人)代替其支付票据金额，而该付款人在出票时并未在票据上签章，并非票据债务人，无当然的支付义务。为使票据法律关系得以确定，就需要确认付款人能否进行付款，于是就设计了汇票的承兑制度。

汇票的付款人可以依自己独立的意思，决定是否进行承兑，不受出票人指定其为付款人的限制。即使付款人与出票人存在一定的资金关系或依承兑协议，应为汇票进行承兑而未承兑，也只承担票据外责任。我国《票据法》在事实上是否认部分承兑的，付款人进行部分承兑的，应视为承兑附有条件，依《票据法》第 43 条的规定，付款人承兑汇票不得附条件，如果承兑附条件，视为拒绝承兑。

关于提示承兑的期限，定日付款或者出票后定期付款的汇票，持票人应当在汇票到期日前向付款人提示承兑。见票后定期付款的汇票，持票人应当自出票日起 1 个月内，提示承兑。汇票未按规定期限提示承兑的，持票人丧失对其前手的追索权。见票即付的汇票无须承兑。

付款人对向其提示承兑的汇票，应当自收到提示承兑的汇票之日起 3 日内承兑或拒绝承兑。付款人在收到提示承兑汇票时，还应当向持票人签发收到汇票的回单。回单上应当记明汇票提示承兑日期并签章。付款人承兑汇票的，应当在汇票正面记载"承兑"字样和承兑日期并签章；见票后定期付款的汇票，应当在承兑时记载付款日期。汇票上未记载承兑日期的，以付款人收到提示承兑汇票之日起第 3 日为承兑日期。

2. 付款。票据付款，指付款人或承兑人在票据到期时，对持票人所进行的票据金额的支付。我国《票据法》第 53 条规定，持票人应当按照下列期限提示付款：见票即付的汇票，自出票日起 1 个月内向付款人提示付款；定日付款、出票后定期付款或者见票后定期付款的汇票，自到期日起 10 日内向承兑人提示付款。

持票人未按照《票据法》规定的期限提示付款的，在作出说明后，承兑人或者付款人仍应当继续对持票人承担付款责任。持票人未在法定期限内提示付款，丧失对背书人的追索权。

提示付款人应为合法持票人。持票人也可以委托代理人进行提示。我国《票据法》第 53 条第 3 款规定，通过委托收款银行或者通过票据交换系统向付款人提示付款的，视同持票人提示付款。

持票人在《票据法》规定的提示期限内提示付款的，付款人必须在当日足额付款。持票人获得付款的，应当在汇票上签收，并将汇票交给付款人。持票人委托银行收款的，受委托的银行将代收的汇票金额转账收入持票人账户，视同签收。付款人及其代理付款人付款时，应当审查汇票背书的连续，并审查提示付款人的合法身份证明或者有效证件。汇票金额为外币的，按照付款日的市场汇价，以人民币支付。汇票当事人对汇票支付的货币种类另有约定的，从其约定。

付款人按照汇票记载的文义，即时足额负担支付汇票金额后，汇票法律关系全部归于消灭，付款人和全体汇票债务人的票据责任因此而解除。

付款人在进行付款时，只需对所提示的票据进行形式审查，并无实质审查义务。付款人在履行法定审查义务后进行的付款是有效付款，即使发生错付，亦可善意免责。但是以下情形除外：如因恶意或重大过失欠缺对提示付款人的合法身份证明或有效证件的审查；欠缺对票据记载事项的审查包括绝对必要记载事项是否完备、是否有绝对有害的记载事项、背书是否连续等的审查；对在公示催告期间的票据进行付款的；收到止付通知后进行付款的；对定日付款、出票后定期付款或者见票后定期付款的汇票，付款人在到期日前付款的，发生错付的。

◎ **相关法律法规**

《中华人民共和国票据法》

第三十八条 承兑是指汇票付款人承诺在汇票到期日支付汇票金额的票据行为。

第三十九条 定日付款或者出票后定期付款的汇票，持票人应当在汇票到期日前向付款人提示承兑。

提示承兑是指持票人向付款人出示汇票，并要求付款人承诺付款的行为。

第四十条 见票后定期付款的汇票，持票人应当自出票日起一个月内向付款人提示承兑。

汇票未按照规定期限提示承兑的，持票人丧失对其前手的追索权。

见票即付的汇票无需提示承兑。

第四十一条 付款人对向其提示承兑的汇票，应当自收到提示承兑的汇票之日起三日内承兑或者拒绝承兑。

付款人收到持票人提示承兑的汇票时，应当向持票人签发收到汇票的回单。回单上应当记明汇票提示承兑日期并签章。

第四十二条 付款人承兑汇票的，应当在汇票正面记载"承兑"字样和承兑日期并签章；见票后定期付款的汇票，应当在承兑时记载付款日期。

汇票上未记载承兑日期的，以前条第一款规定期限的最后一日为承兑日期。

第四十三条 付款人承兑汇票，不得附有条件；承兑附有条件的，视为拒绝承兑。

第四十四条 付款人承兑汇票后，应当承担到期付款的责任。

第五十三条 持票人应当按照下列期限提示付款：

（一）见票即付的汇票，自出票日起一个月内向付款人提示付款；

（二）定日付款、出票后定期付款或者见票后定期付款的汇票，自到期日起十日内向承兑人提示付款。

持票人未按照前款规定期限提示付款的，在作出说明后，承兑人或者付款人仍应当继续对持票人承担付款责任。

通过委托收款银行或者通过票据交换系统向付款人提示付款的，视同持票人提示付款。

第五十四条 持票人依照前条规定提示付款的，付款人必须在当日足额付款。

第五十五条 持票人获得付款的，应当在汇票上签收，并将汇票交给付款人。持票人委托银行收款的，受委托的银行将代收的汇票金额转账收入持票人账户，视同签收。

第五十六条 持票人委托的收款银行的责任，限于按照汇票上记载事项将汇票金额转入持票人账户。

付款人委托的付款银行的责任，限于按照汇票上记载事项从付款人账户支付汇票金额。

第五十七条 付款人及其代理付款人付款时，应当审查汇票背书的连续，并审查提示付款人的合法身份证明或者有效证件。

付款人及其代理付款人以恶意或者有重大过失付款的，应当自行承担责任。

第五十八条 对定日付款、出票后定期付款或者见票后定期付款的汇票，付款人在到期日前付款的，由付款人自行承担所产生的责任。

第五十九条 汇票金额为外币的，按照付款日的市场汇价，以人民币支付。

汇票当事人对汇票支付的货币种类另有约定的，从其约定。

第六十条 付款人依法足额付款后，全体汇票债务人的责任解除。

◎ 实训目标

通过案例分析，学生能够掌握票据的承兑和付款规则，解决票据承兑及付款中的法律纠纷。

◎ **实训要求**

学生分组讨论票据承兑案件和票据付款案件，针对不同票据及不同的到期日填写，分组绘制出票据承兑日期和提示付款日期的图表，了解票据的承兑日期及付款日期，掌握解决票据承兑及付款纠纷案件的能力。

◎ **实训材料**

1. 2020 年 3 月 12 日，华洋贸易公司与欣业有限责任公司签订了一单购销合同，华洋贸易公司卖给欣业有限责任公司一批手提电脑，交货期为 4 月 1 日，合同总价款为 250 万元，用银行承兑汇票结算，欣业有限责任公司，应当在合同签订后开出汇票，2 个月后付款。欣业有限责任公司在合同签订后开出汇票，并且在自己的开户银行某工商银行申请承兑。该银行承兑，承兑日期为 6 月 1 日。汇票承兑以后，欣业有限责任公司将汇票交给华洋贸易公司。

华洋贸易公司拿到汇票以后，为了马上得到资金，立即向自己的开户银行某农业银行申请贴现。农业银行向工商银行查询，回答是"承兑真实，有效"。于是，某农业银行办理了贴现，将 200 万元贴现款转到华洋贸易公司的帐户上。

后来，华洋贸易公司货源出现问题，无货可以提供。欣业有限责任公司见不到货物，经过调查发现，华洋贸易公司根本没有货物，也没有准备继续履行合同的意思。欣业有限责任公司立即通知某商业银行，合同有欺诈嫌疑，要求拒绝付款。工商银行又通知农业银行，以该承兑汇票所依据的合同是欺诈合同，合同无效。承兑也无效，拒绝对该汇票付款。

贴现银行，即农业银行声称经查询，工商银行确认"承兑真实，有效"，所以，承兑银行，即工商银行必须承担到期付款义务。

双方协商未果，起诉到法院。

问：1. 工商银行是否可以以购销合同有欺嫌疑，合同应该属于无效合同为由，主张该银行承兑汇票无效？2. 该案应当如何处理？

2. 2020 年 4 月 1 日，G 市煤炭（集团）有限责任公司与该市 AST 公司订立了一份购销合同。合同约定：由 G 市煤炭（集团）有限责任公司供给 AST 公司煤炭一批，价值人民币 128 万元。2 日，AST 公司签发了一张以其开户银行为付款人、以 G 市煤炭（集团）有限责任公司为收款人、票面金额为 128 万元、见票后 30 天付款的商业汇票，并将汇票交付 G 市煤炭（集团）有限责任公司。4 月 27 日，G 市煤炭（集团）有限责任公司持该汇票向 AST 公司的开户银行提示承兑，该银行经审查后同意承兑，在汇票上作了相应的记载后，交还 G 市煤炭（集团）有限责任公司。5 月 3 日，G 市煤炭（集团）有限责任公司财务室被盗，由于当日为假日，财务室无人值班，故直至 5 月 8 日财务室工作人员上班时，才发现财务室被盗，并向公安机关报案。经查明，除被盗走现金 5 万余元外，另有汇票、支票 13 张失窃，票面总金额约 396 万元，其中包括该已经承兑的汇票。8 日下午，G 市煤炭（集团）有限责任公司将汇票被盗的情况通知 AST 公司的开户行。开户行告知 G 市煤炭（集团）公司，该汇票已于上午经人向其提示付款，并已足额支付，对此银行不承担责任。

经多次交涉无果，G市煤炭(集团)有限责任公司以该银行为被告向法院起诉，以银行审查有过错为由要求其承担付款责任。

请问该案应当如何处理？

◎ **要点指导**

案例1：(1)汇票可以分为银行汇票与商业汇票，商业汇票又可以分为商业承兑汇票与银行承兑汇票。本案涉及的是银行承兑汇票。汇票承兑制度有十分重要的意义。在票据法上，汇票付款人并不因为出票人的付款委托而当然地承担付款义务，但汇票一经付款人承兑，即负有支付票据金额的义务而成为汇票的主债务人。所以，汇票一经承兑，付款人立即变成了主债务人，无论出票人，或者是任何背书人有没有付款能力，承兑人都必须首先承担付款义务。(2)票据作为无因证券，不问原因关系是否存在，也不问原因关系是否有效。当然，《中华人民共和国票据法》第十条还规定："票据的签发、取得和转让，应当遵循诚实信用的原则，具有真实的交易关系和债权债务关系。票据的取得，必须给付对价，即应当给付票据双方当事人认可的相对应的代价。"但是，这并没有否定票据法原理中的无因性原则。

案例2：(1)本案所涉及的法律问题为票据丧失后的补救措施，以及在付款时银行审查票据的责任。票据持有人可能由于被盗、遗失或灭失，丧失票据，这时候，可以采取的补救措施有哪些？G市煤炭(集团)有限责任公司可否以承兑银行为被告向法院起诉？(2)银行在审查票据，支付款项的过程中有无过错？AST公司签发的汇票属见票后定期付款的汇票，见票日期和到期日分别是哪天？承兑之日为4月27日，银行在5月8日付款是否合法？应当承担什么责任？

◎ **拓展思考**

1. 上述案例1中涉及汇票的贴现，什么是票据贴现制度？
2. 哪些票据属于即期票据，哪些属于远期票据？商业汇票的到期日如何填写？
3. 汇票到期日的不同填写下，其承兑日期和提示付款日期分别如何认定？
4. 票据的期日和期月如何计算？

◎ **课后讨论案例**

2020年9月10日，德亨水果批发公司和利兴进出口贸易公司签订了一份购销合同。德亨水果批发公司卖给利兴进出口贸易公司价值20万元的水果，利兴进出口贸易公司以空白转账支票方式支付货款。9月22日货物发出，利兴进出口贸易公司验收合格后签发给德亨水果批发公司一张在用途上注明"限额20万元"的空白转账支票。

同年10月5日，德亨水果批发公司与瑰宝纸箱有限责任公司签订了一份购销合同。德亨水果批发公司购买瑰宝纸箱有限责任公司30万元包装纸箱，遂将上述空白转账支票补记30万元金额背书转让给了瑰宝纸箱有限责任公司。

10月20日，瑰宝纸箱有限责任公司向当地工商银行分行提示付款，银行拒付，理由是：票面写有限额20万元，而提示的票据票面金额为30万元，超过了限额。

瑰宝纸箱有限责任公司遂向出票人利兴进出口贸易公司行使追索权。利兴进出口贸易公司认为自己出票时已经注明该空白转账支票限额 20 万元，所以只能承担 20 万元的责任，对超过部分不承担。

瑰宝纸箱有限责任公司又向德亨水果批发公司行使追索权。德亨水果批发公司认为尽管金额是自己补记的，但是支票是利兴进出口贸易公司签发的，应由利兴进出口贸易公司承担付款责任。

瑰宝纸箱有限责任公司只得起诉于法院。

◎ 试问：

1. 出票人在空白支票上注明限额 20 万是否具有票据法上的法律效力？
2. 收款人超出出票人授权的金额进行补记，是否有效？
3. 瑰宝纸箱有限责任公司是否有权得到 30 万元？

◎ 票据法模块实训项目六　票据的追索权

◎ 相关法律知识

票据追索权，是指持票人在票据到期未获付款或汇票期前未获承兑或有其他法定原因时，在依法行使或保全票据权利后，向其前手请求偿还票据金额、利息及其他法定款项的一种票据权利。票据追索权是票据上的第二次权利，是为补充票据上的第一次权利即付款请求权而设立的。票据追索权的当事人为追索权人和被追索人。追索权人，包括最后持票人和已为清偿的票据债务人。被追索人，是指追索权人行使追索权所针对的义务人，包括出票人、背书人和其他债务人。持票人可以不按照票据债务人的先后顺序，对其中任何一人、数人或者全体行使追索权。持票人对汇票债务人中的一人或者数人已经进行追索的，对其他汇票债务人仍可以行使追索权。被追索人清偿债务后，与持票人享有同一权利。

合法持票人在汇票到期日后行使追索权的惟一原因是汇票到期被拒绝付款。通常行使的追索权，大都属于到期追索。汇票到期日前，持票人一般不得行使追索权。但是，根据《票据法》第 61 条第 2 款规定，发生下列情形之一时，持票人也可以在汇票到期日之前行使追索权：(1)汇票被拒绝承兑。即在汇票到期日前，持票人合法提示承兑而被付款人拒绝承兑。(2)承兑人或者付款人死亡、逃匿。(3)承兑人或者付款人被依法宣告破产或者因违法被责令终止业务活动。

持票人行使追索权时，应当提供被拒绝承兑或者被拒绝付款的有关证明。从追索权行使的程序要求看，应采取的保全措施包括按期提示承兑或提示付款、作成拒绝证明以及将拒绝事由通知其前手等三项。

定日付款、出票后定期付款以及见票后定期付款的汇票都应进行提示承兑。对提示承兑和提示付款都必须在有效期间内进行，持票人未按照票据法规定提示承兑和提示付款的，原则上丧失对其前手的追索权。拒绝证明是指由法律规定的，对持票人依法提示承兑或提示付款而被拒绝，或无法提示承兑或提示付款这一事实具有证据效力的文书，如退票理由书及其他证明文件。追索权人向其前手行使追索权应事先将汇票未获承兑或未获付款的事实告通知其前手，我国《票据法》第66条第1款规定，持票人应当自收到被拒绝承兑或者被拒绝付款的有关证明之日起3日内，将被拒绝事由书面通知其前手。因延期通知给其前手或者出票人造成损失的，由没有按照规定期限通知的汇票当事人承担对该损失的赔偿责任，但所赔偿的金额以汇票金额为限。

追索权人因行使追索权而受清偿后，应及时向被追索人交付汇票及拒绝证明等，以便于被追索人行使再追索权。追索权人的票据权利因受清偿而归于消灭。持票人行使追索权，对被追索人主要产生下列两方面的效力：一是汇票出票人、背书人、承兑人和保证人对持票人承担连带责任；二是被追索人清偿汇票债务后，自己的票据债务消灭，取得票据后享有与持票人同一的权利，即被追索人在清偿了汇票债务后，可以取得持票人的追索权，对其前手进行再追索。

追索金额，是指依追索权的行使而可以请求支付的金额，包括最初追索金额和再追索金额。最初追索金额，是指持票人向汇票债务人行使追索权请求支付的金额，一般包括汇票金额、法定利息和追索费用三个部分。我国《票据法》第70条规定："持票人行使追索权，可以请求被追索人支付下列金额和费用：（1）被拒绝付款的汇票金额；（2）汇票金额自到期日或者提示付款日起至清偿日止，按照中国人民银行规定的利率计算的利息；（3）取得有关拒绝证明和发出通知书的费用。"再追索金额，是指偿还义务人行使再追索权时要求其前手清偿的金额，一般也包括三个部分，即已清偿的追索金额、法定利息和再追索费用。

◎ 相关法律法规

《中华人民共和国票据法》

第六十一条　汇票到期被拒绝付款的，持票人可以对背书人、出票人以及汇票的其他债务人行使追索权。

汇票到期日前，有下列情形之一的，持票人也可以行使追索权：

（一）汇票被拒绝承兑的；

（二）承兑人或者付款人死亡、逃匿的；

（三）承兑人或者付款人被依法宣告破产的或者因违法被责令终止业务活动的。

第六十二条　持票人行使追索权时，应当提供被拒绝承兑或者被拒绝付款的有关证明。

持票人提示承兑或者提示付款被拒绝的，承兑人或者付款人必须出具拒绝证明，或者出具退票理由书。未出具拒绝证明或者退票理由书的，应当承担由此产生的民事责任。

第六十三条　持票人因承兑人或者付款人死亡、逃匿或者其他原因，不能取得拒绝证明的，可以依法取得其他有关证明。

第六十四条　承兑人或者付款人被人民法院依法宣告破产的，人民法院的有关司法文书具有拒绝证明的效力。

承兑人或者付款人因违法被责令终止业务活动的，有关行政主管部门的处罚决定具有拒绝证明的效力。

第六十五条 持票人不能出示拒绝证明、退票理由书或者未按照规定期限提供其他合法证明的，丧失对其前手的追索权。但是，承兑人或者付款人仍应当对持票人承担责任。

第六十六条 持票人应当自收到被拒绝承兑或者被拒绝付款的有关证明之日起三日内，将被拒绝事由书面通知其前手；其前手应当自收到通知之日起三日内书面通知其再前手。持票人也可以同时向各汇票债务人发出书面通知。

未按照前款规定期限通知的，持票人仍可以行使追索权。因延期通知给其前手或者出票人造成损失的，由没有按照规定期限通知的汇票当事人，承担对该损失的赔偿责任，但是所赔偿的金额以汇票金额为限。

在规定期限内将通知按照法定地址或者约定的地址邮寄的，视为已经发出通知。

第六十八条 汇票的持票人可以不按照汇票债务人的先后顺序，对其中任何一人、数人或者全体行使追索权。

持票人对汇票债务人中的一人或者数人已经进行追索的，对其他汇票债务人仍可以行使追索权。被追索人清偿债务后，与持票人享有同一权利。

第六十九条 持票人为出票人的，对其前手无追索权。持票人为背书人的，对其后手无追索权。

第七十条 持票人行使追索权，可以请求被追索人支付下列金额和费用：

(一)被拒绝付款的汇票金额；

(二)汇票金额自到期日或者提示付款日起至清偿日止，按照中国人民银行规定的利率计算的利息；

(三)取得有关拒绝证明和发出通知书的费用。

被追索人清偿债务时，持票人应当交出汇票和有关拒绝证明，并出具所收到利息和费用的收据。

第七十一条 被追索人依照前条规定清偿后，可以向其他汇票债务人行使再追索权，请求其他汇票债务人支付下列金额和费用：

(一)已清偿的全部金额；

(二)前项金额自清偿日起至再追索清偿日止，按照中国人民银行规定的利率计算的利息；

(三)发出通知书的费用。

行使再追索权的被追索人获得清偿时，应当交出汇票和有关拒绝证明，并出具所收到利息和费用的收据。

第七十二条 被追索人依照前二条规定清偿债务后，其责任解除。

◎ 实训目标

通过案例分析，学生能够掌握票据追索权行使的规则，解决票据追索过程中产生的法律纠纷。

◎ 实训要求

学生分组讨论票据追索案件，分组进行不同票据当事人角色扮演，绘制票据流转及追索关系图，从而掌握解决票据追索纠纷案件的能力。

◎ **实训材料**

建信纺织有限责任公司与麦琪服装有限责任公司签订了一份合同。建信纺织有限责任公司出售给麦琪服装有限责任公司 40 万元的布料。麦琪服装有限责任公司向建信纺织有限责任公司出具了一张以工商银行某分行为承兑人的银行承兑汇票，应建信纺织有限责任公司的要求，麦琪服装有限责任公司委托甲公司在该汇票上作保，该汇票记载事项完全符合票据法的要求。建信纺织有限责任公司将汇票转让给乙公司以支付购货款，乙公司在汇票到期前将汇票贴现给建设银行某分行。后建设银行某分行向承兑行工商银行某分行提示付款时，遭到拒付。理由是：麦琪服装有限责任公司来函告知，因布料存在瑕疵，该汇票不能解付，请协助退回汇票。建行某分行认为，该行是因为汇票贴现成为该汇票的善意持有人，购销合同纠纷不影响自己的票据权利。于是起诉于法院，向建信纺织有限责任公司追索权利。

◎ **问**：1. 建行某分行的看法是否正确？为什么？2. 建行某分行可否向建信纺织有限责任公司追索权利？为什么？

◎ **要点指导**

1. 建行某分行认为，该行是因为汇票贴现成为该汇票的善意持有人，购销合同纠纷不影响自己的票据权利，有无道理？

2. 什么是票据的无因性？在票据追索权行使时，票据债务人能否以自己与持票人前手之间的抗辩事由对抗持票人？

3. 画出该案的票据流转关系图，分析各票据关系当事人的权利义务关系，持票人在票据被拒付后，可以向谁行使追索权？

◎ **拓展思考**

1. 上述案件中涉及到票据保证关系，结合《民法典》分析票据保证与一般民事保证的区别？

2. 上述案件中涉及到票据贴现，什么是票据贴现？建设银行某分行能否因票据贴现而取得票据权利？

3.《票据法》第六十九条规定，持票人为出票人的，对其前手无追索权。持票人为背书人的，对其后手无追索权。以图例展示票据回头背书时，追索权行使的特殊规则。

◎ **课后讨论案例**

A 商贸有限公司向 B 公司出售了 50 万元的货物一批，B 公司开出了 50 万元的定日付款商业承兑汇票一张，付款人为远大公司。汇票上有 C、D 公司的担保签章，其中 C 公司担保 30 万元，D 公司担保 20 万元。然而汇票还未到期，远大公司就因违法被行政管理机关责令终止业务，此时 A 公司取得的汇票能否得到兑付？

◎ **问题：**

(1)C、D 公司关于担保责任的划分是否有效？如果无效，二者该如何承担责任？为什么？

(2)远大公司被责令终止业务，A 公司可否提前向 B 公司追索？为什么？

模块五 保险法模块

实训项目一 保险法基本原则

◎ **相关法律知识**

保险法的基本原则是保险法的立法与司法的基本准则，在实践中经常会运用，具体包括：

一、最大诚信原则

（一）最大诚信原则的基本含义。诚实信用原则起源于罗马法，是现代各国私法的基本原则之一。我国《保险法》第5条明确规定："保险活动当事人行使权利、履行义务应当遵循诚实信用原则。"保险合同被称为最大善意的合同和最大诚信的合同。保险危险的不确定性、保险市场的信息不对称性等多种因素决定了无论保险合同的订立，还是保险合同的履行，都应建立在最大善意和诚信的基础上。最大诚信原则不仅适用于保险合同中的投保人、被保险人、受益人，而且适用于保险人、保险辅助人。如实告知义务、危险增加的通知义务、保险合同中的保证条款、欺诈性索赔的禁止等是对投保人、被保险人或受益人最大善意和诚信的基本要求，保险条款的说明义务、弃权、失权、禁止反言、及时和公平理赔、保险组织法和监管法的有关规定则为法律对保险人最大善意和诚信的要求。

我国《保险法》第5条明确规定："保险活动当事人行使权利、履行义务应当遵循诚实信用原则。"

（二）最大诚信原则的主要体现

1. 告知义务。告知义务是指投保人、被保险人在订立保险合同时，应向保险人或保险代理人披露与保险标的有关的、影响保险人决定是否承保或者提高保险费率的信息。告知义务在性质上属于先契约义务、法定义务。根据我国《保险法》第16条的规定，投保人、被保险人应在保险合同订立时，即应在保险合同成立之前，而非保险合同成立之后，履行告知义务。

告知义务的范围经历了一个从无限告知主义到有限告知主义的演变过程。有限告知主义已经为各国保险立法和保险实务所接受，并成为保险业普遍遵循的规则。我国《保险法》采询问告知主义。告知义务履行的方法可以是书面的，也可以是口头的，但通常是书面的。

我国《保险法》第16条规定："投保人故意隐瞒事实，不履行如实告知义务的，或者因过失未履行如实告知义务，足以影响保险人决定是否同意承保或者提高保险费率的，保险人有权解除保险合同。投保人故意不履行如实告知义务的，保险人对于保险合同解除前发生的保险事故，不承担赔偿或者给付保险金的责任，并不退还保险费。投保人因过失未履行如实告知义务，对保险事故的发生有严重影响的，保险人对于保险合同解除前发生的保险事故，不承担赔偿或者给付保险金的责任，但可以退还保险费。"

2. 危险增加的通知义务。危险增加的通知义务是指在保险合同成立后，当保险标的上的危险状况或危险程度明显超过当事人双方订立合同时的预期时，投保人或被保险人有义务及时通知保险人。危险增加的通知义务，实际上是投保人如实告知义务在合同成立后的延续。但其有别于投保人的如实告知义务。首先，如实告知义务是先契约义务，危险增加的通知义务则是契约成立后的义务。其次，如实告知义务针对的保险合同订立时保险标的上的危险状况，危险增加的通知义务针对的则是保险合同成立后保险标的上明显增加的危险状况。最后，如实告知义务违反的后果是保险人得解除合同、拒绝赔付甚至不退还保费，而危险增加的通知义务违反的后果则是保险人得终止合同，并对合同终止前因保险标的危险程度的增加而发生的保险事故拒绝承担保险责任。

3. 弃权与禁止反言。弃权，弃权是指保险合同的一方当事人放弃他在合同中的某项权利，并且通常指保险人放弃解除权、终止权、拒赔权等合同权利。一般而言，弃权的构成应当具备以下条件：第一，投保人存在违反义务或条件的情形。第二，保险人知悉或应当知悉投保人、被保险人存在违反义务或条件的事实。第三，必须是保险人可以放弃的权利。保险人可以放弃自己在保单上享有的利益，但保险人不能放弃那些保护公共利益或贯彻公共政策的权利。保险人只能放弃其享有的权利，不能放弃其未承担的义务。第四，保险人须有弃权的意思表示。保险人弃权的意思表示可以是明示的，也可以是默示的。保险人弃权一旦构成，就在保险人与投保人、被保险人或受益人之间产生一定的法律后果。根据弃权的不同情形，其法律后果大致有以下几种：第一，合同解除权的放弃。投保人有违反义务或条件的情形，保险人知悉或应当知悉，本可主张解除合同，但以明示或默示的方式放弃了解除合同的权利，则当保险事故发生时保险人就不得再以投保人违反义务或条件为由主张解除合同，拒绝赔付。第二，合同终止权的放弃。投保人有违反义务或条件的情形，保险人知悉或应当知悉，本可主张终止合同，但以明示或默示的方式放弃了终止合同的权利，则当保险事故发生时保险人就不得再以投保人违反义务或条件为由主张终止合同，拒绝赔付。第三，拒绝赔付权的放弃。投保人有违反义务或条件的情形，保险人知悉或应当知悉，本可拒绝赔付，但以明示或默示的方式放弃了拒绝赔付的权利，则保险人不得再以投保人违反义务或条件为由拒绝赔付或赔付后请求被保险人或受益人返还其所受领的给付。

禁止反言，是指保险人就某种事实向投保人、被保险人作了错误的陈述，并为投保人或被保险人合理地信赖，以至于如果允许保险人不受其陈述的约束将损害投保人或被保险人的权益时，保险人只能接受其所陈述的事实的约束，失去反悔的权利。

禁止反言应具备以下构成要件：第一，保险人或其代理人曾就保险合同的有关重要事项对投保人或被保险人为错误或虚假的陈述。第二，投保人或被保险人对保险人的该项陈述产生了合理和善意的信赖。第三，如果保险人的该项陈述不具有法律约束力将会给投保人或被保险人造成损害。

禁止反言的法律后果在于，保险人不得以其陈述错误或虚假为由，主张保险合同解除或无效，对被保险人或受益人的赔付请求进行抗辩，拒绝承担其应当承担的保险责任。

二、损失补偿原则

损失补偿原则，又称为损害填补原则，是指在保险期限内保险标的上发生约定的保险事故时，保险人应当按照保险合同的约定对保险事故造成的损害给予补偿，以实现投保人投保的目的和保险的经济补偿职能。损失补偿原则是保险法的一项基本原则。无损害，即无补偿，保险补偿额受到实际损害程度、保险金额和保险利益等限制。换言之，损失补偿原则既要保障被保险人获得充分的补偿，又要防止被保险人获得大于损失的利益。

损失补偿原则之意义：第一，满足投保人、被保险人的合法利益。发生保险事故的被保险人借助于保险人的经济补偿，得以弥补损失、恢复生产、稳定生活，实现了参加保险的初衷。第二，防范投保人、被保险人的道德风险和赌博行为。只有受到实际损害的被保险人才能获得保险补偿，被保险人不能从保险中获得大于损失的利益。保险法和保险合同对重复保险、超额保险进行相应的规范，防范投保人、被保险人的道德风险和赌博行为。第三，促进保费负担的公平合理，保持保险经营的稳定。通过保险金额的约定，既可限定保险人赔付金额，又能公平合理地计算保险费，有助于减少保险人的经营风险，维持保险经营的稳定。

损失补偿的范围。损失补偿的范围主要包括实际损失、合理费用和其他费用。实际损失是指保险事故发生时，保险标的所遭受的实际经济损失。在财产保险中，保险人的最高赔付金额以保险金额为限。实际损失数额小于保险金额的，保险人按照实际损失数额赔付。施救费用是指保险事故发生后被保险人为防止损失或减少保险标的的损失所支付的必要的、合理的费用和有关诉讼支出，但最高不超过保险金额的数额。其他费用是指施救费用之外的保险人或者被保险人为了查明保险事故的性质、确定保险标的的损失所支付的检验、估价、出售等费用。我国《保险法》64规定："保险人、被保险人为了查明和确定保险事故的性质、原因和保险标的的损失程度所支付的必要的、合理的费用，由保险人承担。"第65条规定："责任保险的被保险人因给第三者造成损害的保险事故而被提起仲裁或者诉讼的，除合同另有约定外，由被保险人支付的仲裁或者诉讼费用以及其他必要的、合理的费用，由保险人承担。"

损失补偿原则的派生。

1. 保险代位求偿权。保险代位求偿权是指在损失补偿保险合同中，如果第三人就保险事故的发生所引起的损失对被保险人负有民事赔偿责任，那么，保险人在赔付了被保险人的损失后，于赔付的限额内依法取得的对第三人请求赔偿的权利。我国《保险法》第60条对其作了规定。保险代位求偿权的构成要件为：第一，保险代位求偿权仅适用于损失保险领域；第二，第三人因保险事故的发生对被保险人负有民事赔偿责任；第三，保险人对被保险人已为保险金给付；第四，保险代位求偿权的数额以保险人给付的保险金额为限。

保险代位求偿权是保险人依法取得的法定权利，无须经被保险人的同意或者转让，即可以自己的名义，直接向第三人行使保险代位求偿权。我国《保险法》第63条规定："在保险人向第三者行使代位请求赔偿权利时，被保险人应当向保险人提供必要的文件和其所知道的有关情况。"

2. 重复保险分摊原则。是指在财产保险中投保人对同一保险标的、同一保险利益、同一保险事故分别向两个以上保险人订立保险合同，当发生保险事故时，除合同另有约定外，各保险人按照其保险金额与金额总和的比例承担赔偿责任，被保险人从各保险人那里所获得的破产不能超过保险价值。

三、保险利益原则

保险利益，又称可保利益，是指投保人或被保险人对保险标的所享有的法律上承认的利益，即投保人或被保险人对保险标的所具有的利害关系，因保险标的完好无损而受益，因保险标的发生保险事故而受损。我国《保险法》第 12 条第 3 款规定："保险利益是指投保人对保险标的具有的法律上承认的利益。"保险利益不同于保险权益。保险权益，是指保单所有人根据保险合同的约定所享有的合同利益或权益。

保险利益之意义：一是避免赌博行为。保险利益原则要求投保人或被保险人对其投保的保险标的具有合法的利害关系，一个人不能对其缺乏合法利益的保险标的投保任何保险。如果一个人对其投保的保险标的除了领取保险金的利益，别无其他任何合法利益，那么，他对该保险标的就没有保险利益。没有保险利益的保险合同是无效的合同。投保人、被保险人、保险人均不得放弃法律对保险利益的要求。二是减少道德风险。投保人或被保险人如果对保险标的缺乏保险利益，那么，其参加保险后将自恃有保险保障，而怠于对保险标的风险防范，甚至故意制造事故，骗取保险赔款。虽然投保人或被保险人对保险标的应具有保险利益的要求，不可能将其道德风险降低为零，但无疑在一定程度上减少了道德风险。三是限制损失补偿。保险为遭受损失的人提供经济上的补偿，将遭受损失一方的经济状况恢复到损失发生前的状态。没有保险利益的损失，保险人不承担保险补偿责任。

对于保险利益存在的时间，我国《保险法》第 12 条明文规定："人身保险的投保人在保险合同订立时，对被保险人应当具有保险利益。财产保险的被保险人在保险事故发生时，对保险标的应当具有保险利益。"所以要注意，在财产保险中，保险利益于保险事故发生时必须存在，投保时有无保险利益并不重要；而在人身保险中，保险利益于投保时必须存在，保险事故发生时有无保险利益并不重要。

四、近因原则

近因并不是指在时间上距离承保标的损失最近的原因，而是指效果上最接近承保标的损失的原因，是导致承保标的损失的真正有效的原因。近因原则是保险法上确定损失原因的一个基本原则，是民法因果关系规则在保险领域的具体体现。英国《1906 年海上保险法》第 55 条第 1 款率先对近因原则作出了规定："根据本法规定，除保险单另有约定外，保险人对以承保危险为近因的损失承担赔偿责任；但对非以承保危险为近因的损失，不承担赔偿责任。"我国《保险法》虽未明文规定近因原则，但有关保险理赔的一些规定都体现了这一原则，保险实务上也一贯遵循这一原则。近因原则作为保险理赔时确定损失原因与损失结果之间关系的基本准则，司法实践中经常会用到，因而对保险人、被保险人和受益人都具有十分重要的意义。

◎ 相关法律规定

《中华人民共和国保险法》

第十二条 人身保险的投保人在保险合同订立时，对被保险人应当具有保险利益。财产保险的被保险人在保险事故发生时，对保险标的应当具有保险利益。人身保险是以人的寿命和身体为保险标的的保险。财产保险是以财产及其有关利益为保险标的的保险。被保险人是指其财产或者人身受保险合同保障，享有保险金请求权的人。投保人可以为被保险人。保险利益是指投保人或者被保险人对保险标的具有的法律上承认的利益。

第十六条 订立保险合同，保险人就保险标的或者被保险人的有关情况提出询问的，投保人应当如实告知。

投保人故意或者因重大过失未履行前款规定的如实告知义务，足以影响保险人决定是否同意承保或者提高保险费率的，保险人有权解除合同。

前款规定的合同解除权，自保险人知道有解除事由之日起，超过三十日不行使而消灭。自合同成立之日起超过二年的，保险人不得解除合同；发生保险事故的，保险人应当承担赔偿或者给付保险金的责任。

投保人故意不履行如实告知义务的，保险人对于合同解除前发生的保险事故，不承担赔偿或者给付保险金的责任，并不退还保险费。

投保人因重大过失未履行如实告知义务，对保险事故的发生有严重影响的，保险人对于合同解除前发生的保险事故，不承担赔偿或者给付保险金的责任，但应当退还保险费。

保险人在合同订立时已经知道投保人未如实告知的情况的，保险人不得解除合同；发生保险事故的，保险人应当承担赔偿或者给付保险金的责任。

保险事故是指保险合同约定的保险责任范围内的事故。

第十七条 订立保险合同，采用保险人提供的格式条款的，保险人向投保人提供的投保单应当附格式条款，保险人应当向投保人说明合同的内容。

对保险合同中免除保险人责任的条款，保险人在订立合同时应当在投保单、保险单或者其他保险凭证上作出足以引起投保人注意的提示，并对该条款的内容以书面或者口头形式向投保人作出明确说明；未作提示或者明确说明的，该条款不产生效力。

第二十一条 投保人、被保险人或者受益人知道保险事故发生后，应当及时通知保险人。故意或者因重大过失未及时通知，致使保险事故的性质、原因、损失程度等难以确定的，保险人对无法确定的部分，不承担赔偿或者给付保险金的责任，但保险人通过其他途径已经及时知道或者应当及时知道保险事故发生的除外。

第二十三条 保险人收到被保险人或者受益人的赔偿或者给付保险金的请求后，应当及时作出核定；情形复杂的，应当在三十日内作出核定，但合同另有约定的除外。保险人应当将核定结果通知被保险人或者受益人；对属于保险责任的，在与被保险人或者受益人达成赔偿或者给付保险金的协议后十日内，履行赔偿或者给付保险金义务。保险合同对赔偿或者给付保险金的期限有约定的，保险人应当按照约定履行赔偿或者给付保险金义务。

保险人未及时履行前款规定义务的，除支付保险金外，应当赔偿被保险人或者受益人因此受到的损失。

任何单位和个人不得非法干预保险人履行赔偿或者给付保险金的义务，也不得限制被保险人或者受益人取得保险金的权利。

第二十四条　保险人依照本法第二十三条的规定作出核定后，对不属于保险责任的，应当自作出核定之日起三日内向被保险人或者受益人发出拒绝赔偿或者拒绝给付保险金通知书，并说明理由。

第二十五条　保险人自收到赔偿或者给付保险金的请求和有关证明、资料之日起六十日内，对其赔偿或者给付保险金的数额不能确定的，应当根据已有证明和资料可以确定的数额先予支付；保险人最终确定赔偿或者给付保险金的数额后，应当支付相应的差额。

第三十一条　投保人对下列人员具有保险利益：

（一）本人；

（二）配偶、子女、父母；

（三）前项以外与投保人有抚养、赡养或者扶养关系的家庭其他成员、近亲属；

（四）与投保人有劳动关系的劳动者。

除前款规定外，被保险人同意投保人为其订立合同的，视为投保人对被保险人具有保险利益。订立合同时，投保人对被保险人不具有保险利益的，合同无效。

第五十二条　在合同有效期内，保险标的的危险程度显著增加的，被保险人应当按照合同约定及时通知保险人，保险人可以按照合同约定增加保险费或者解除合同。保险人解除合同的，应当将已收取的保险费，按照合同约定扣除自保险责任开始之日起至合同解除之日止应收的部分后，退还投保人。

被保险人未履行前款规定的通知义务的，因保险标的的危险程度显著增加而发生的保险事故，保险人不承担赔偿保险金的责任。

第五十五条　投保人和保险人约定保险标的的保险价值并在合同中载明的，保险标的发生损失时，以约定的保险价值为赔偿计算标准。

投保人和保险人未约定保险标的的保险价值的，保险标的发生损失时，以保险事故发生时保险标的的实际价值为赔偿计算标准。

保险金额不得超过保险价值。超过保险价值的，超过部分无效，保险人应当退还相应的保险费。

保险金额低于保险价值的，除合同另有约定外，保险人按照保险金额与保险价值的比例承担赔偿保险金的责任。

第六十条　因第三者对保险标的的损害而造成保险事故的，保险人自向被保险人赔偿保险金之日起，在赔偿金额范围内代位行使被保险人对第三者请求赔偿的权利。

前款规定的保险事故发生后，被保险人已经从第三者取得损害赔偿的，保险人赔偿保险金时，可以相应扣减被保险人从第三者已取得的赔偿金额。

保险人依照本条第一款规定行使代位请求赔偿的权利，不影响被保险人就未取得赔偿的部分向第三者请求赔偿的权利。

第六十一条　保险事故发生后，保险人未赔偿保险金之前，被保险人放弃对第三者请求赔偿的权利的，保险人不承担赔偿保险金的责任。

保险人向被保险人赔偿保险金后,被保险人未经保险人同意放弃对第三者请求赔偿的权利的,该行为无效。

被保险人故意或者因重大过失致使保险人不能行使代位请求赔偿的权利的,保险人可以扣减或者要求返还相应的保险金。

第六十三条 保险人向第三者行使代位请求赔偿的权利时,被保险人应当向保险人提供必要的文件和所知道的有关情况。

第六十四条 保险人、被保险人为查明和确定保险事故的性质、原因和保险标的的损失程度所支付的必要的、合理的费用,由保险人承担。

第六十五条 保险人对责任保险的被保险人给第三者造成的损害,可以依照法律的规定或者合同的约定,直接向该第三者赔偿保险金。

责任保险的被保险人给第三者造成损害,被保险人对第三者应负的赔偿责任确定的,根据被保险人的请求,保险人应当直接向该第三者赔偿保险金。被保险人怠于请求的,第三者有权就其应获赔偿部分直接向保险人请求赔偿保险金。

责任保险的被保险人给第三者造成损害,被保险人未向该第三者赔偿的,保险人不得向被保险人赔偿保险金。

责任保险是指以被保险人对第三者依法应负的赔偿责任为保险标的的保险。

第六十六条 责任保险的被保险人因给第三者造成损害的保险事故而被提起仲裁或者诉讼的,被保险人支付的仲裁或者诉讼费用以及其他必要的、合理的费用,除合同另有约定外,由保险人承担。

◎ 实训目标

通过实际案例操作练习,学生能够依照我国保险法的基本原则及有关规定分析、解决具体案例,从而熟悉、掌握保险法基本原则在实践中的运用。

◎ 实训要求

1. 学生回顾保险法中关于基本原则的有关规定,自由结合分组讨论、分析案件。

2. 学生通过分组讨论案例,分析案例应该适用保险法哪一个基本原则?具体应该引用哪些法条处理?小组形成最终处理意见。

◎ 实训材料

1. 原告郭某的父亲于 2009 年 8 月与被告人寿保险公司签订了终身人寿保险合同,以原告为受益人。合同签订后,被保险人(投保人)按约定及时交纳了保险费。2015 年 5 月,被保险人因病在家中死亡.按照保险合同约定,被保险人死亡,其受益人可获得基本保险金 3 倍的赔款。2015 年 5 月 13 日,原告向被告申请索赔,而被告以被保险人患有甲亢病史 5 年为由拒赔。事实上,被保险人在投保时从未隐瞒过自己曾怀疑有过甲亢病的情况,并向被告的业务员说明了这一情况。而该业务员明知被保险人可能患有甲亢,为了给公司赢得更多的客户,收取更多的保费,在代替其填写投保单时称其没有任何疾病。原告认为被告拒赔毫无道理,故诉至法院,要求法院判令被告按照合同的约定支付保险金。

2. 2015 年 10 月 30 日，被告中国人寿保险公司江州支公司（以下简称江州人保）为在其单位工作的原告王某之妻陈某投保妇科癌病普查保险，保期 3 年，保险金额 1 万元，保费每人 40 元，并且该保费已由中国人寿保险公司江州支公司工会经费中出资一次性交清。2017 年 7 月，陈某调入中国平安保险公司另一分公司工作。同年 8 月 5 日，江州人保作出业务批单，以陈某不具有可保利益为由解除了保险合同立也未向其发出书面通知。2018 年，陈某不幸患妇科癌症，于是先后两次向被告提出索赔，被告却以陈某非本单位员工，可保利益已不存在为由绝给付保险金，2019 年，陈某在向县人民法院提起诉讼后病故，王某就本案继续诉讼。

3. 原告之父陈某于 2007 年 5 月 23 日，在被告保险公司投保，险种为简易人身保险，合同约定疾病死亡保险金额为 500 元，意外伤害死亡，残疾保险金额 4000 元，受益人：陈某。2009 年 8 月 22 日下午，陈某到本县乡信用社取钱途中摔倒，伤及头部，感觉头痛，吃饭时又饮酒二两，头痛加重，夜晚八九点钟发现晕倒在地，家人将其送往医院治疗。经诊断为脑出血，进行紧急治疗，当月 27 日出院，回家后 3 日死亡。经法医鉴定，陈某在受伤诱因下发生脑出血且饮酒加快了出血量。2011 年 7 月，原告才得知其父投有人寿险，于当月 3 日申请给付保险金，被告保险公司以原告死于疾病为由只同意支付 500 元保险金，原告不同意诉诸法院。原审法院认定上述事实，有双方当事人陈述、县人民医院病历、简易人身保险单（副本）、人身保险案件调查报告书、赔案审批表、县人民法院（2012）浙法医第 114 号法医技术鉴定书及证人的证言证实。

4. 2012 年 4 月 1 日，夏某为丈夫汪某投保意外伤害险，保险金为 30 万元。保险费为 300 元。保险期间自 2012 年 4 月 15 日至 2013 年 4 月 14 日。受益人为夏某。2012 年 12 月 12 日，汪某在散步时突然跌倒，送至医院经抢救无效死亡。医院出具诊断书为"脑溢血死亡"。事后，夏某向保险公司提出给付 30 万元保险金的请求，理由是汪某意外跌倒，导致脑溢血死亡。保险公司认为：汪某一直患严重的高血压，被保险人是由于高血压而引起突然发生脑溢血死亡，不属于保险范围，保险公司不予承担给付意外伤害保险金的责任。双方因此产生纠纷，夏某诉至法院，要求保险公司依合同予以理赔。

◎ 要点指导

1. 要对案件基本案情进行归纳，理清基本法律关系，分析讨论从而找出应该适用的法律规定（案件事实归纳概括、法律关系归纳分析、证据材料归纳分析、案件处理法律分析、案件结果分析）。

2. 保险法的基本原则在保险法当中都有不同的条文体现，要针对不同案情加以甄别适用。

◎ 拓展思考

1. 保险合同中投保人的如实告知义务怎样理解？法律有何明确要求？告知义务与通知义务有何不同？

2. 保险人恪守诚信原则应该履行哪些义务？其违反诚信原则有何法律后果？

3. 保险事故发生后，保险人未赔偿保险金之前，被保险人可以放弃对第三者的请求赔偿权吗？如果放弃会有什么后果？

◎ 课后讨论案例

1. 2018 年 7 月某建筑施工队向保险公司集体投保团体人身意外伤害保险，保期为 1 年保额为每人 10000 元。2019 年 1 月，该建筑施工队工人张某在搭建脚手架时被风吹落的钢管砸倒，造成锁骨和腿骨骨折，随即被送入医院治疗。对于所投保的团体人身意外伤害保险的赔付，保险公司表示鉴于赵某尚在治疗，等其治疗完毕后，视其伤残程度给付保险金。但张某在治疗过程中，不幸因患急性肺炎而突然死亡。

(1) 人身意外伤害保险的概念与范围？

(2) 保险公司是否应承担张某人身意外伤害保险的全额赔偿？

2. 2018 年 7 月，某电脑公司到某货运公司办理铁路托运手续，托运 30 台总价款为人民币 10 万元的电脑到外地，其各种手续、馈均符合铁路货物规章的要求。电脑公司在托运时间其保险公司办理了货物运输保险手续，投保金额为人民币 5 万元。运输过程中，因运输公司疏忽发生意外事故，致使 30 台电脑全部损坏，2019 年 1 月，电脑公司要求向保险公司提出赔偿请求。保险公司对有关材料认真审查后，于 2019 年 3 月按保险金额与货物价值的比例赔偿电脑公司经济损失人民币 5 万元。电脑公司取得保险赔后立即又以运输公司为被告诉至法院，要求运输公司承担其余 5 万元。

(1) 什么是保险法上的代位求偿权？

(2) 本案的法律关系应如何处理？

3. 德国金泰戈尔有限责任公司承租中国瑞其销售有限责任公司一座楼房经营，为预防经营风险，德国金泰戈尔有限责任公司将此楼房在中国保险公司投保 500 万元。中国静安保险公司同意承保，于是，德国金泰戈尔有限责任公司交付了一年的保险金。9 个月后德国金泰戈尔有限责任公司结束租赁，将楼房退还给中国瑞其销售有限责任公司。在保险期的第 10 个月该楼房发生了火灾，损失 300 万元。德国金泰戈尔有限责任公司根据保险合同的约定向中国静安保险公司主张赔偿，并提出保险合同、该楼房受损失的证明等资料。中国静安保险公司经过调查后拒绝承担赔偿责任。

(1) 德国金泰戈尔有限责任公司就该楼房可否投保？

(2) 德国金泰戈尔有限责任公司提出赔偿的请求有没有法律依据？

(3) 中国静安保险公司拒绝赔偿的法律依据何在？

◎ 保险法模块实训项目二　保险合同订立

◎ 相关法律基本知识

保险合同的概念。保险合同，又称为保险契约，是指投保人与保险人之间订立的，投保人向保险人缴纳一定的保险费，保险人对保险期限内保险标的上发生的保险事故，在保险金额和实际损失的限度内，向被保险人或受益人承担给付保险金义务的协议。我国《保险法》第 10 条规定："保险合同是投保人与保险人约定保险权利义务关系的协议。"

保险合同具有的特征：保险合同是有名合同；保险合同是双务合同；保险合同是有偿合同；保险合同是诺成合同；保险合同是附合合同；保险合同是射幸合同。

保险合同订立的形式，即保险合同订立的凭证。在保险实务上，主要表现为投保单、暂保单、保险单和保险凭证等。

投保单，又称为投保书或要保书，是投保人向保险人或其代理人订立保险合同的书面申请。投保单是由保险人事先准备的、具有统一格式的书据。投保单的内容通常包括以下项目：投保人、被保险人、受益人的名称和住所；保险标的及其地址；投保的险别；保险金额或责任限额；保险费和保险费率；保险期限；免赔额或免赔率；特别约定；投保人声明等。有些险种在投保时除了填写投保单外，还要填写风险询问表或健康告知书。投保人应依投保单和风险询问表、健康告知书所列项目逐项认真如实填写，并亲自签名盖章，注明填写的年月日。

暂保单。又称为临时保险单，是指在保险单或保险凭证签发之前，保险人向投保人签发的临时保险证明。暂保单的内容较保险单简单，仅载明被保险人的姓名或名称、保险标的、承保险种、保险金额、保险期限等主要事项，有关保险责任、责任免除、及当事人的权利和义务等内容则以保险单的规定为准。暂保单的法律效力通常与正式保单完全相同，但有效期较短。在暂保单载明的有效期内或正式保单签发前，如果发生约定的保险事故，保险人应依约承担保险赔付责任。当正式保单交付时，暂保单即自动失效。正式保单签发前，保险人也可以终止暂保单的效力，但须提前通知投保人。

保险单。简称保单，是指投保人与保险人签订的保险合同的正式书面形式。

保险凭证。又称为小保单，是简化的保险单，即简化的保险合同文本。在保险凭证上不附印保险合同的条款，仅记载投保人或被保险人的姓名或名称、保险凭证号、保险险种、保险金额、有效期限等主要内容。保险凭证的内容均以同一险种的保险单的内容为准。保险凭证与保险单的效力完全相同，也是正式的保险文本，而非临时的保险凭证。

保险合同订立的程序

保险合同的订立一般要经过保险人或保险代理人的劝诱、投保人的投保和保险人的核保、承保四个阶段。一般而言，劝诱客户参加保险的行为性质上属于要约邀请，投保人的投保属于要约，保险人的承保则属于承诺。保险人一旦承保，保险合同即告成立。

保险合同的成立与生效

保险合同的成立：保险合同自保险人在投保单上签章或投保人承诺反要约时起成立。

保险合同生效：保险合同的生效是指依法已经成立的保险合同在当事人之间产生的法律约束力。保险合同的生效不同于保险合同的成立。保险合同的成立是指当事人双方就保险合同的内容达成一致的意思表示。保险合同是不要式合同和诺成性合同，只要当事人双方就保险合同的条款达成一致的意思表示，无论是否签发暂保单、保险单或保险凭证，无论是否缴纳保险费，保险合同均告成立。

保险合同的生效以保险合同的成立为前提，如果一个保险合同尚未成立，就谈不上生效的问题。但已经成立的保险合同则未必具有法律约束力。已经成立的保险合同，只有在符合法律规定和合同约定的生效要件时，才具有法律约束力。保险合同具备生效要件时，对当事人产生法律拘束力，投保人按照约定缴纳保险费，保险人按照约定承担保险责任。

保险合同的生效时间。保险合同生效的时间主要是指保险人开始承担保险责任的时间。一般情况下，依法成立的保险合同自其成立时即具有法律约束力。但由于保险合同可以约定特别生效要件，因此，保险合同的生效时间与成立时间并不一定相同。具体而言，保险合同的生效时间主要有以下几种情形：第一，保险合同自成立时生效。第二，保险合同自保单送达时生效。第三，保险合同自投保人投保并缴纳首期保费时生效。第四，保险合同自合同明确约定的日期生效。

保险合同的无效。是指已经成立的保险合同因违反法律的强制性规定或公序良俗，在法律上自始不生当事人所预期的法律效力。

保险合同的无效与保险合同不成立不同。保险合同不成立是指保险合同欠缺成立要件，即在当事人之间尚不存在保险合同；保险合同无效则是指已经成立的保险合同严重欠缺生效要件，而自始不能按照当事人合意的内容赋予其法律效力。

根据我国《保险法》的规定和保险法的一般原理，保险合同无效的原因主要有以下几种：第一，保险合同成立或生效时，保险标的已不存在，或保险标的上的危险已经发生且不为当事人双方所知。第二，财产保险合同中被保险人对保险标的自始欠缺保险利益。第三，不定值保险合同中，保险金额超过保险价值的。第四，投保人为他人投保以死亡为给付保险金条件的保险合同，未经被保险人书面同意，并认可保险金额的。第五，父母为其未成年子女投保以死亡为给付保险金条件的保险合同，保险金额超过保险监督管理部门规定的限额的。第六，人寿保险合同的被保险人年龄不实，且投保时其真实年龄超过保险人规定的年龄限度的。第七，违法的承诺。如保险人对被保险人自保险合同成立之日起不满2年的期限内发生的自杀给付保险金的承诺是违法的承诺。同样，保险人也不得对被保险人因故意犯罪导致的伤残承诺给付保险金。第八，投保人以自己为受益人，为谋害被保险人而恶意投保的人寿保险合同。

◎ 相关法律规定

《中华人民共和国保险法》

第十条 保险合同是投保人与保险人约定保险权利义务关系的协议。

投保人是指与保险人订立保险合同，并按照合同约定负有支付保险费义务的人。

保险人是指与投保人订立保险合同，并按照合同约定承担赔偿或者给付保险金责任的保险公司。

第十一条 订立保险合同，应当协商一致，遵循公平原则确定各方的权利和义务。

第十三条 投保人提出保险要求，经保险人同意承保，保险合同成立。保险人应当及时向投保人签发保险单或者其他保险凭证。

保险单或者其他保险凭证应当载明当事人双方约定的合同内容。当事人也可以约定采用其他书面形式载明合同内容。

依法成立的保险合同，自成立时生效。投保人和保险人可以对合同的效力约定附条件或者附期限。

第十四条 保险合同成立后，投保人按照约定交付保险费，保险人按照约定的时间开始承担保险责任。

第三十五条 投保人可以按照合同约定向保险人一次支付全部保险费或者分期支付保险费。

第三十六条 合同约定分期支付保险费，投保人支付首期保险费后，除合同另有约定外，投保人自保险人催告之日起超过三十日未支付当期保险费，或者超过约定的期限六十日未支付当期保险费的，合同效力中止，或者由保险人按照合同约定的条件减少保险金额。

被保险人在前款规定期限内发生保险事故的，保险人应当按照合同约定给付保险金，但可以扣减欠交的保险费。

第三十七条 合同效力依照本法第三十六条规定中止的，经保险人与投保人协商并达成协议，在投保人补交保险费后，合同效力恢复。但是，自合同效力中止之日起满二年双方未达成协议的，保险人有权解除合同。

保险人依照前款规定解除合同的，应当按照合同约定退还保险单的现金价值。

◎ 实训目标

通过实际案例操作训练，让学生进一步掌握保险合同的订立、生效与有效知识点，能运用这些理论解决实务问题。

◎ 实训要求

1. 学生回顾保险法中关于保险合同的有关知识，自由结合分组讨论、分析案情。

2. 学生通过分组讨论案例，分析案例属于保险合同订立的何种情形？合同成立否？何时生效？应该适用保险法哪些条款处理？小组形成最终处理意见．

◎ 实训素材

王某之夫李某生前在张家村周某承保的采石场处打工。2014 年 2 月 17 日，被告某保险公司的业务员张某来周某处推销保险。同年 3 月 15 日，周某夫妇同意为其工人投保意外团体险，但是因手头现金不多，通过与张某协商，给保险公司出具了一张 8000 元的欠条。并保证等现金凑够后一定及时补交。业务员张某在欠据上注明，此保费须在当年 3 月 20 日内交纳，保险合同有效，保险人自保险费交付之日起承担保险责任。过期不交保单作废。同时给周某出具了暂保单和收据凭证。同年 3 月 17 日，因周某承包的采石场突然垮塌，李某被石头压成重伤，后抢救无效死亡。3 月 19 日，周某向保险公司交纳拖欠的 8000 元保险费，遭到拒绝。

◎ 要点指导

1. 首先要对案件基本案情进行归纳梳理，注意各个时间点，理清基本法律关系，分析讨论应该适用的法律规定(参考：案件事实归纳概括、法律关系归纳分析、证据材料归纳分析、案件处理法律分析、案件结果分析)。

2. 保险法的成立、生效问题比较不好把握，在实践中要根据具体保险合同的约定分清情况区别处理。

◎ **拓展思考**

1. 保险合同的订立一般经过几个阶段？保险合同的订立与生效的时间相同吗？
2. 保险合同的有效要件有哪些？

◎ **课后讨论案例**

1. 2013 年 4 月，某乡政府为该乡农户向当地保险公司投保了家庭财产保险，保险费为每户 7.5 元，保额为每户 2500 元，并且保险双方特别约定：保费分两次交付，11 月份交清。保险公司遂向乡政府签发了保单并加盖了公章。后来，保险公司曾多次向乡政府催讨保费未果。当年 7 月，一场历史罕见的特大洪灾冲垮了该乡的防洪大堤，淹没了全乡的农田和房屋，农户损失惨重，灾情发生后，乡政府迅速向保险公司索赔，而保险公司则以该乡未交保费合同无效为由予以拒赔。由于事关重大，乡政府诉讼到法院，法院最终该如何判决？

◎ **保险法模块实训项目三　保险合同综合案例研习**

◎ **相关法律基本知识**

一、保险索赔

保险索赔是指被保险人或受益人在保险标的遭受损失后，根据保险合同条款的规定，请求保险人履行保险金赔付义务的一系列行为的总称。保险索赔是保险理赔的先决条件，主要包括如下一些程序：

（一）出险通知。我国《保险法》第 21 条第 1 款规定："投保人、被保险人或者受益人知道保险事故发生后，应当及时通知保险人。"

出险通知对保险人和被保险人或受益人都具有重要的意义。一方面，出险通知有助于保险人及时开展事故调查，迅速查明损失原因和损失程度，发现或减少保险欺诈，准确认定保险责任。另一方面，出险通知有助于被保险人得到保险人的及时协助，采取适当的救助措施，减少损失或避免损失的进一步扩大。

根据我国《保险法》第 21 条的规定，出险通知的义务主体应是投保人、被保险人、受益人。投保人、被保险人或受益人应按照保险合同条款规定的形式履行出险通知义务。保险合同没有规定出险通知的具体形式的，投保人、被保险人或受益人可以各种方便、快捷的方式进行通知，书面、口头或电话、传真均无不可。出险通知的内容通常包括被保险人的姓名或名称、地址、保单号码、出险日期、出险原因、损失程度等，保险人是否应对该保险事故承担保险责任，投保人、被保险人或受益人不必在出险通知时证明。

出险通知应在保险合同规定的时间内作出；合同未规定的，应在合理时间内作出。合理时间的起点应从投保人、被保险人或受益人实际知道保险事故发生后，而非保险事故发生后开始计算。因逾期通知出险而延误时间，导致必要证据丧失或事故性质、原因无法认定的，应由被保险人或受益人承担不利后果。

（二）索赔申请。索赔申请是被保险人或受益人向保险人请求赔偿或给付保险金的行为。索赔申请是出险通知后一个重要的索赔程序，如果被保险人或受益人不提出索赔申请，保险人则没有义务主动赔付或给付保险金。

索赔申请的方式，在保险实务上通常为被保险人或受益人向保险人提交要求其承担保险责任，履行赔偿义务的书面文件或填写保险公司印制的索赔申请书，向保险人提交有关保险事故性质、原因、损失程度的证明和资料。我国《保险法》第 22 条规定："保险事故发生后，依照保险合同请求保险人赔偿或给付保险金时，投保人、被保险人或者受益人应当向保险人提供其所能提供的与确认保险事故的性质、原因、损失程度等有关的证明和资料。"

索赔申请的时效，简称索赔时效，是指法律规定的，被保险人或受益人知道保险事故发生后，向保险人请求赔偿或给付保险金的有效期限。索赔申请应当在法律规定的索赔时效期间内提出，对超过索赔时效的索赔申请，保险人有权拒赔。索赔时效的规定主要是为了保护保险人的利益，维护保险活动的正常秩序，方便保险公司的经营核算和理赔管理。但不可否认，索赔时效也具有敦促被保险人或受益人及时提出索赔请求，早日了结保险合同关系的作用。我国《保险法》第 26 条规定："人寿保险以外的其他保险的被保险人或者受益人，对保险人请求赔偿或者给付保险金的权利，自其知道保险事故发生之日起二年不行使而消灭。""人寿保险的被保险人或者受益人对保险人请求给付保险金的权利，自其知道保险事故发生之日起五年不行使而消灭。"

二、保险理赔

（一）保险理赔的功能和原则。保险理赔是保险人从接受被保险人或受益人的出险通知时开始，经过现场查勘、责任审定、赔款计算、赔款给付等环节，对保险事故的性质、原因、损失程度和保险责任等进行调查处理的一系列行为的总称。

1. 保险理赔的功能。首先，保险理赔是一项具体实现经济补偿或给付的工作，直接体现了保险的经济补偿职能。其次，保险理赔可以检验承保业务和风险管理的质量，发现保险条款、保险费率和减灾防损工作的不足，为改进保险条款、提高承保业务质量、完善风险管理提出意见和建议。最后，保险理赔作为保险业务的最后环节，具有技术性强、涉及面广、繁重复杂等特点，做好保险理赔工作，可以提高保险人的商业信誉，促进保险业务的开展。

2. 保险理赔的原则。为防止惜赔、错赔、滥赔，确保理赔质量，提高理赔效率，维护保险人的商业信誉，保险理赔工作应遵循如下原则：

诚实信用原则。保险合同是最大诚信合同，投保人、被保险人和保险人都必须全面履行合同规定的义务。保险理赔是保险人履行经济补偿或给付义务的过程，保险人应当信守合同条款，忠实地履行合同义务。

主动迅速准确合理原则。贯彻主动迅速准确合理原则有助于提高保险人的服务水平，促进保险业务的开展。所谓主动迅速是指保险理赔人员在处理赔案时，态度要积极，应具有较强的时间观念，不论是出险通知、索赔申请的受理，还是事故调查勘验和定损赔付，都要讲究速度，不能随意拖延。所谓准确合理是指理赔工作应做到认定事实清楚，划分责任明确，核灾定损属实，合情合理合法，不仅要赔得快，而且要赔得准，不惜赔、不错赔、不滥赔。

实事求是原则。保险合同虽然对保险责任、除外责任等一系列问题作了具体规定，但实际情况千变万化，错综复杂。每个保险赔案都可能遇到一些新情况或新问题，完全相同的保险赔案几乎没有，因此，保险理赔人员只有在广泛、深入的调查研究和全面细致的分析论证的基础上，才能查清事实真相，确定责任归属，提出正确的理赔方案。坚持实事求是的原则，做到原则性与灵活性相结合，对客观公正地处理赔案，扩大承保业务的规模，维护保险人的信誉，提高保险人的市场竞争能力具有重要的意义。

（二）保险理赔的程序。

1. 出险受理。保险理赔人员收到出险通知时，应了解通知人姓名、联系电话、与被保险人的关系、被保险人的名称或姓名、保险险种、保险单号码、事故发生的时间、地点、目前的损失、采取的施救措施等情况，将上述情况记录在案。

2. 事故调查。受理出险通知后，保险人是否立即进行事故调查，应视具体情况而定。事故调查不是承担保险责任的必经程序，只是保险人用来保护自己利益的手段。保险人通过事故调查，可以及时获取证据和确定损失，防止被保险人、受益人隐瞒事实真相，编造事故原因或夸大损失程度。

3. 单证审核。保险公司收到索赔单证后，应及时审核索赔单证的完整性，认为索赔单证不完整的，应通知被保险人和受益人补充提供有关的证明和资料。

4. 责任审定。保险人在认定索赔单证的完整性后，应对索赔单证的真实性进行审查，对索赔单证的有效性进行分析，并作出判断。我国《保险法》第23条规定："保险人收到被保险人或者受益人的赔偿或给付保险金的请求后，应当及时作出核定，并将结果通知被保险人或者受益人"。我国《保险法》第25条规定："保险人自收到赔偿或者给付保险金的请求和有关证明、资料之日起六十日内，对其赔偿或者给付保险金的数额不能确定的，应当根据已有证明和资料可以确定的最低数额先予支付；保险人最终确定赔偿或者给付保险金的数额后，应当支付相应的差额。"

保险人通过责任审核，认为其不应承担保险责任的，应及时发出拒绝通知书，明确说明拒赔的依据和理由，同时可以声明保留以其他未发现的理由拒赔的权利。

5. 赔款给付。我国《保险法》第23条规定："对属于保险责任的，在与被保险人或者受益人达成有关赔偿或给付保险金额的协议后十日内，履行赔偿或者给付保险金的义务。保险合同对保险金额及赔偿或者给付期限有约定的，保险人应当按照保险合同的约定，履行赔偿或者给付保险金的义务。""保险人未及时履行前款规定义务的，除支付保险金外，应当赔偿被保险人或者受益人因此受到的损失。""任何单位或者个人都不得非法干预保险人履行赔偿或者给付保险金的义务，也不得限制被保险人或者受益人取得保险金的权利。"

受益人之间或受益人与第三人之间就保险金的领取发生纠纷的，保险人可以将保险金提存，待纠纷解决后，再由有权领取的人领取。

6. 争议解决。被保险人或受益人的索赔请求遭到保险人的拒绝或投保人、被保险人无法接受保险人的赔付方案，双方因此发生理赔争议时，如果当事人之间有仲裁协议，应通过仲裁程序解决。如果没有仲裁协议，则被保险人或受益人可以提取诉讼，通过诉讼程序解决。其诉讼时效的期限依《民法通则》的规定。当事人也可以通过诉讼外的和解解决理赔争议。

受益人之间或受益人与第三人之间就保险金的领取发生纠纷的，保险人可以将保险金提存，待纠纷解决后，再由有权领取的人领取。

◎ 相关法律规定

《中华人民共和国保险法》

第二十一条　投保人、被保险人或者受益人知道保险事故发生后，应当及时通知保险人。故意或者因重大过失未及时通知，致使保险事故的性质、原因、损失程度等难以确定的，保险人对无法确定的部分，不承担赔偿或者给付保险金的责任，但保险人通过其他途径已经及时知道或者应当及时知道保险事故发生的除外。

第二十二条　保险事故发生后，按照保险合同请求保险人赔偿或者给付保险金时，投保人、被保险人或者受益人应当向保险人提供其所能提供的与确认保险事故的性质、原因、损失程度等有关的证明和资料。

保险人按照合同的约定，认为有关的证明和资料不完整的，应当及时一次性通知投保人、被保险人或者受益人补充提供。

第二十三条　保险人收到被保险人或者受益人的赔偿或者给付保险金的请求后，应当及时作出核定；情形复杂的，应当在三十日内作出核定，但合同另有约定的除外。保险人应当将核定结果通知被保险人或者受益人；对属于保险责任的，在与被保险人或者受益人达成赔偿或者给付保险金的协议后十日内，履行赔偿或者给付保险金义务。保险合同对赔偿或者给付保险金的期限有约定的，保险人应当按照约定履行赔偿或者给付保险金义务。

保险人未及时履行前款规定义务的，除支付保险金外，应当赔偿被保险人或者受益人因此受到的损失。

任何单位和个人不得非法干预保险人履行赔偿或者给付保险金的义务，也不得限制被保险人或者受益人取得保险金的权利。

第二十四条　保险人依照本法第二十三条的规定作出核定后，对不属于保险责任的，应当自作出核定之日起三日内向被保险人或者受益人发出拒绝赔偿或者拒绝给付保险金通知书，并说明理由。

第二十五条　保险人自收到赔偿或者给付保险金的请求和有关证明、资料之日起六十日内，对其赔偿或者给付保险金的数额不能确定的，应当根据已有证明和资料可以确定的数额先予支付；保险人最终确定赔偿或者给付保险金的数额后，应当支付相应的差额。

第二十六条　人寿保险以外的其他保险的被保险人或者受益人，向保险人请求赔偿或者给付保险金的诉讼时效期间为二年，自其知道或者应当知道保险事故发生之日起计算。

人寿保险的被保险人或者受益人向保险人请求给付保险金的诉讼时效期间为五年，自其知道或者应当知道保险事故发生之日起计算。

第二十七条　未发生保险事故，被保险人或者受益人谎称发生了保险事故，向保险人提出赔偿或者给付保险金请求的，保险人有权解除合同，并不退还保险费。

投保人、被保险人故意制造保险事故的，保险人有权解除合同，不承担赔偿或者给付保险金的责任；除本法第四十三条规定外，不退还保险费。

保险事故发生后，投保人、被保险人或者受益人以伪造、变造的有关证明、资料或者其他证据，编造虚假的事故原因或者夸大损失程度的，保险人对其虚报的部分不承担赔偿或者给付保险金的责任。

投保人、被保险人或者受益人有前三款规定行为之一，致使保险人支付保险金或者支出费用的，应当退回或者赔偿。

◎ 实训目标

通过实际案例操作训练，让学生进一步掌握保险合同的履行、解除、终止等知识点，并能综合运用保险法的相关规定分析、解决实务问题。

◎ 实训要求

1. 学生回顾保险法中有关规定，自由结合分组讨论、分析案情。
2. 学生通过分组讨论案例，分析案例包含哪些法律关系？适用保险法哪些规定？如何处理？各小组讨论、分析形成最终处理意见。

◎ 实训素材

中国太平洋保险公司重庆分公司江津支公司(下称保险公司)与璧山县森林防火指挥部(下称防火指挥部)于2009年2月21日签了一份机动车辆保险合同。由防火指挥部将本单位的一辆五十铃越野车(车牌号为渝C18278)向保险公司投保，保险期限为2009年2月22日零时至2010年2月21日24时，其中车辆损失险19万元、车上座位责任险10万元(共五座每座2万元)。保险费为5203元，合同签订的当日，防火指挥部缴纳了保险费5203元。2010年1月3日晚19时15分，驾驶员张光荣驾车行至铜梁县华兴镇园林村二社界牌处，因车速控制不当，致使该车翻于公路左侧坎下，造成同车的段××、周××死亡，任志成及驾驶员张光荣受伤，车辆严重受损的重大交通事故，任志成、张光荣共用去医疗费15000.81元，该车修理费9.3万元。2010年1月17日，铜梁县公安局交通警察大队作出了"道路交通事故责任认定书"，认定驾驶员张光荣驾驶车未确保安全，速度控制不好，违反《道路交通管理条例》第七条、第三十六条二项之规定，乘车人段明军、周洁厚、任志成无违章行为，不负事故责任。2010年6月8日经铜梁县公安局交通警察大队调解，由防火指挥部赔偿死者周××安葬费、死亡补偿费等计55061.100元，赔偿死者段××安葬费、死亡补偿费计51087.30元；赔偿任志成医疗费等计30546.09元；赔偿张光荣医疗费计52017.38元，渝C18728车损84290元，事故处理后，由于保险公司作出拒赔通知，防火指挥部诉至当地法院。保险公司对此则认为其驾驶员属酒后开车，有张德胜、郝地君、大兴中心卫生院罗时友、包明成等人的证词，其中罗时友证词："其中二伤者任志成……呕吐，有一定酒味"；包明成证词："中午……共十名同桌就餐，大约饮了两斤酒，晚上大约六点钟吃晚饭，没有喝酒"，郝地君、张德胜证词："说实话，他们都是喝了酒的，说的是些酒话，驾驶员旁边那个还在骂司机，叫你喝酒开慢点……"。上述事实，有机动车辆保险单，道路交通事故责任认定书、损害调解书，车辆估损单和拒赔通知书、证人证言佐证。保险公司应否赔偿？其拒赔理由能否得到法律支持？本案应如何处理？请依所学保险法知识分析。

◎ 要点指导

1. 对于案件依法处理的前提是厘清各个法律关系，找出争议焦点，参考以下路径对案件材料进行归纳分析：

（1）案件事实归纳概括；

（2）法律关系归纳分析；

（3）证据材料归纳分析；

（4）案件处理法律分析；

（5）案件结果分析。

2. 保险合同订立中、履行中，尤其是理赔时通常比较容易引起双方纠纷进而引发诉讼，需要对保险合同约定的内容以及具体案情进行认真分析、综合判断才能正确处理。

3. 请以防火指挥部代理律师身份拟写一份代理词。

◎ 拓展思考

1. 保险合同的履行中双方当事人各自有哪些义务？

2. 保险合同索赔需要经过哪些程序？保险公司理赔的程序是如何规定的？

◎ 课后讨论案例

1. 2013 年 3 月，某单位干部赵某患重症住院治疗，其亲属担心赵某情绪影响病情，一直未将真实病情告诉赵某本人。赵某手术后出院在家休养期间，听朋友陈某说及去保险公司办理人身保险事宜，心动，便委托陈某代其向保险公司提出参加简易人身保险的申请。陈某代赵某填写时，未填写"健康状况"一栏。保险公司的承办人也未按规定对此进行核实便准予投保。越某拿到保险单后，每月如约按期交纳了保险费。2016 年 4 月，赵某重症复发，经多次治疗无效死亡。赵某之妻以指定受益人身份到保险公司请求给付保险赔偿金。保险公司在审查赵某提交的有关证明时发现，赵某病史上载明赵某在投保时已患重症并休养在家，即以赵某投保时已患重症，不符合简易人向保险的规定为由拒绝给付保险金。赵妻随后诉至人民法院。

（1）投保人有哪些主要义务？

（2）本案中保险公司是否应支付保险金？

2. 某单位职工夏某为母亲投保简易人身保险。保险公司业务人员向他讲解了简易人身险条款后，询问被保险人健康状况，夏某称母亲身体健康，能正常上班工作。保险公司工作人员同意他为其母投保。夏某当即填写了投保单，保险期限 15 年，每月交费 24 元，保额为 5000 元，起保日期为 2010 年 8 月 1 日。2012 年 1 月 5 日，投保人夏某携带被保险人死亡证明到保险公司报案登记，填写了出险通知书，要求死亡给付。保险公司接到报案后，经调查发现被保险人投保前患有严重心脏病，曾住院治疗多年，并在体内埋藏心脏起搏器，病情缓解出院后仍不能正常工作。被保险人属带病投保，保险公司不应负保险责任，拒付保险金。

（1）人身保险的概念？

（2）本案中保险公司应否承担保险责任？

3. 夏某有一辆货运卡车，从事个体运输。2012 年 4 月 1 日，夏某在永安保险公司为自己的汽车签订了保险合同，保险期限为 1 年。合同规定：保险公司在规定的时间，按照规定的程序，对汽车进行检查。合同生效以后，保险公司多次协商，对车辆进行全面检查，夏某总是声称业务繁忙，要跑长途，不予配合检查。保险公司仅从外观判断，认为车况极差，不适于安全运营，从时间判断，也应该进行大修。遂书面正式建议：停产大修。夏某无视保险公司的警告。2013 年 1 月 15 日，由于刹车失灵，发生事故，汽车完全报废，损失金额 7 万元。后来，夏某依据保险合同向保险公司索赔。保险公司认为：保险公司曾经书面建议夏某对汽车进行大修，夏某不听从保险公司的建议，遂造成事故的发生。保险公司对此不承担责任。夏某坚持认为：如何维修汽车，如何安排运输业务是自己的经营权利，保险公司无权干预。既然签订了保险合同，交纳了保险费，出了保险事故，保险公司就应该承担保险责任，按照保险合同赔付全额保险金。双方协商不果，夏某起诉于法院。

（1）保险合同的履行双方当事人各有哪些义务？

（2）本案中请问保险公司是否应予理赔？